深圳地铁 16 号线
高效智能环控系统
应用与实践

深圳地铁建设集团有限公司
广东美的暖通设备有限公司　组织编写

罗　曼　龙宏德　李云飞　主　编

中国建筑工业出版社

图书在版编目（CIP）数据

深圳地铁16号线高效智能环控系统应用与实践 / 深圳地铁建设集团有限公司，广东美的暖通设备有限公司组织编写；罗曼，龙宏德，李云飞主编. -- 北京：中国建筑工业出版社，2024.11. -- ISBN 978-7-112-28914-1

Ⅰ.U239.5；X73

中国国家版本馆CIP数据核字第20242X77V5号

深圳市轨道交通16号线应用高效智能环控系统后节能成果显著，本书介绍该系统在地铁项目中的成功应用，主要内容包括智能环控的设计方案，方案的实施，高效智能环控系统关键技术与创新，本书的最后对高效智能环控系统的应用进行了总结思考和展望。本书可供轨道交通环控专业相关人员在工作中参考使用。

责任编辑：曾　威
责任校对：刘梦然

深圳地铁16号线高效智能环控系统应用与实践

深圳地铁建设集团有限公司
广东美的暖通设备有限公司　组织编写
罗　曼　龙宏德　李云飞　主　编

*

中国建筑工业出版社出版、发行（北京海淀三里河路9号）
各地新华书店、建筑书店经销
北京建筑工业印刷有限公司制版
建工社（河北）印刷有限公司印刷

*

开本：787毫米×1092毫米　1/16　印张：11¼　字数：238千字
2025年1月第一版　　2025年1月第一次印刷
定价：**98.00**元
ISBN 978-7-112-28914-1
（43872）

版权所有　翻印必究
如有内容及印装质量问题，请与本社读者服务中心联系
电话：（010）58337283　QQ：2885381756
（地址：北京海淀三里河路9号中国建筑工业出版社604室　邮政编码：100037）

本书编委会

主　　编： 罗　曼　龙宏德　李云飞

副 主 编： 王晓雷　谭春林　蒋正飞　邱艺德　陈　诚

参编人员： 艾江浦　陈玉超　庞　涛　蒋　政　郭冬冬
　　　　　　邹亚平　王朝福　王　洁　姜传钰　梁佐英
　　　　　　李君意　冯灵海　李　黎　傅家早　李元阳
　　　　　　方　兴　李镇杉　陈改芳　张鹏伟　胡鸿图
　　　　　　刘　凯　王　力　纪　颖　肖启坤　赵景华
　　　　　　黄碧琴

主　　审： 黄建辉　潘健英　骆名文

组织编写： 深圳地铁建设集团有限公司
　　　　　　广东美的暖通设备有限公司

参编单位： 深圳地铁运营集团有限公司
　　　　　　深圳地铁工程咨询有限公司
　　　　　　南京福加自动化科技有限公司
　　　　　　北京城建设计发展集团股份有限公司
　　　　　　广州览讯科技开发有限公司
　　　　　　广州地铁设计研究院股份有限公司

前　言

随着城市化进程的加速和科技的迅猛发展，城市轨道交通建设迎来了前所未有的发展机遇。轨道交通网络化运营规模不断扩大，建设和运营保持高质量可持续发展，是行业努力的方向。在这一进程中，高效、智能、绿色的智能环控系统是深圳地铁践行绿色低碳的重要举措。

《深圳地铁16号线高效智能环控系统应用与实践》是深圳地铁建设集团有限公司（深圳地铁集团）和广东美的暖通设备有限公司（美的集团）在智能环控系统领域的一次深入探索和实践总结。它不仅记录了深圳地铁16号线高效智能环控系统的设计与实施过程，更展示了项目在技术创新和智能化应用上的显著成效，实现环控系统的"深度集成，广度互联，全域感知，寻优迭代、智能绿色"，是深圳地铁全面响应"节能双碳、绿色城轨"的重要成果。

在本书的开篇，首先对深圳地铁16号线的工程概况进行了全面介绍；随后，分析了高效智能环控系统在深圳首批示范线路中的应用情况，揭示了城市轨道交通空调系统在节能降耗方面的巨大潜力；通过对现有问题的剖析，提出了一系列创新的技术方案，旨在通过智能化、自动化的控制系统，实现对车站等大型建筑室内环境的实时监测和智能控制。

书中不仅详细介绍了高效智能环控系统的设计方案，包括标准化机房布置、设备选型、传感器定位以及深化设计等内容，还对基于BIM技术的环控工艺及管路设计优化进行了深入探讨。这些设计方案和技术优化，不仅提高了系统的能效，也为地铁环控系统的建设和运营提供了全新的思路。

在智能环控系统的实践应用方面，本书以深圳地铁16号线为例，详细介绍了系统的方案实施过程，包括调试优化、自检验收以及节能示范案例等，实现制冷机房全年平均运行能效比5.57、全空调系统全年平均运行能效比3.67的高效水平。这些实践案例不仅展示了高效智能环控系统的实际运行效果，也为我们今后的工作提供了宝贵的经验和启示。

此外，本书还对高效智能环控系统的关键技术与创新进行了深入分析。在这一过程中，美的集团与深圳地铁集团紧密合作，共同推进了一系列先进技术的应用和发展。从基于云技术的智能环控控制系统的构建，到设备创新技术路线的探索，再到深圳地铁建立标准化体系，书中的每一章节都体现了双方合作的成果，展示了在智能环控领域的创新研究成果和前沿技术。

在书的最后部分，我们对高效智能环控系统进行了总结与反思。通过分析存在的问题，提出解决建议，并对未来的发展趋势进行了展望。我们相信，随着技术的不断进步和创新，高效智能环控系统将会在城市轨道交通乃至更广泛的领域发挥更加重要的作用。

本书在撰写过程中，得到了南京福加自动化科技有限公司、北京城建设计发展集团股份有限公司、深圳地铁16号线项目部、施工单位以及众多专家学者的大力支持和帮助。在此，表示衷心的感谢。同时，也期待广大读者能够通过阅读本书，更深入地了解智能环控系统，为共同推动城市轨道交通的绿色、智能发展提供更多的思路和方案。

最终，期望通过本书的交流与分享，能够引发更深层次的思考与讨论，共同促进智能环境控制技术的提升以及城市轨道交通领域的进步。本项目为深圳首批高效智能环境控制系统运行线路，鉴于编者的知识水平、时间和经验的限制，本书难免存在诸多不完善之处，部分分析内容的论据可能不够充分。我们诚挚地希望广大专业人士及读者能够提出宝贵的意见和建议。

深圳地铁建设集团有限公司
广东美的暖通设备有限公司
2024年9月

目 录

1 16 号线高效智能环控系统概述 ·· 001
1.1 16 号线工程概况 ··· 001
1.2 高效智能环控系统深圳首批示范线路应用 ··························· 003
1.2.1 城市轨道交通空调系统节能潜力 ······························· 003
1.2.2 高效智能环控系统技术简介 ····································· 006
1.2.3 高效智能环控系统全国发展规模 ······························· 011
1.3 高效智能环控系统在深圳地铁四期工程应用 ······················· 012
1.3.1 深圳四期工程全面推广的应用 ·································· 012
1.3.2 应用高效智能环控系统的目标 ·································· 013

2 高效智能环控系统的设计方案 ·· 016
2.1 高效智能环控系统方案设计 ··· 016
2.1.1 标准化机房布置 ··· 016
2.1.2 标准化设备选型 ··· 018
2.1.3 标准化传感器定位 ·· 018
2.1.4 风系统深化设计 ··· 018
2.1.5 水系统深化设计 ··· 020
2.1.6 传感器安装及控制系统的深化设计 ··························· 022
2.1.7 高效智能环控系统深化设计成果文件 ························· 023
2.2 基于 BIM 预制的环控工艺及管路设计优化 ························· 024
2.2.1 水系统低阻力模块化优化设计 ·································· 024
2.2.2 基于风压预设目标值的风系统优化设计 ······················ 029
2.2.3 环控系统设备精细化选型 ······································· 030
2.2.4 环控系统传感器优化设计 ······································· 034
2.2.5 环控高效机房 BIM 标准化设计 ································· 037

2.3 高效智能环控系统控制策略 ········ 038
- 2.3.1 控制权限 ········ 039
- 2.3.2 控制模式 ········ 040
- 2.3.3 水系统一键开关机控制 ········ 046
- 2.3.4 冷冻水变频控制 ········ 048
- 2.3.5 冷却水变频控制 ········ 049
- 2.3.6 压差旁通阀控制策略 ········ 050
- 2.3.7 冷却塔风机控制策略 ········ 051
- 2.3.8 冷水机组控制策略 ········ 053
- 2.3.9 冷冻机房主动寻优控制 ········ 055
- 2.3.10 空调大系统控制策略 ········ 056
- 2.3.11 小系统空调控制策略 ········ 058
- 2.3.12 出入口通道风机盘管控制策略 ········ 059
- 2.3.13 能源监测、能效监测 ········ 060

2.4 设计接口与专业分工 ········ 061
- 2.4.1 与BAS接口 ········ 063
- 2.4.2 与综合监控系统（ISCS）接口 ········ 065
- 2.4.3 与低压配电系统接口 ········ 067
- 2.4.4 与冷水机组连接的接口 ········ 078
- 2.4.5 与胶球在线清洗设备接口 ········ 082
- 2.4.6 与反冲洗过滤器连接的接口 ········ 084
- 2.4.7 与水泵的接口 ········ 087
- 2.4.8 与冷却塔的接口 ········ 088
- 2.4.9 与组合式空调设备接口 ········ 090
- 2.4.10 与柜式风机盘管机组接口 ········ 092
- 2.4.11 与风机设备的接口 ········ 095
- 2.4.12 与电动蝶阀的接口 ········ 095
- 2.4.13 与回排风机轴温巡检仪的接口 ········ 096

3 高效智能环控系统的方案实施 ········ 098
3.1 调试优化 ········ 098
- 3.1.1 单机调试方案 ········ 098
- 3.1.2 综合联调 ········ 103
- 3.1.3 精细化调试 ········ 106

    3.2 自检验收 109
        3.2.1 节能验收方案 109
        3.2.2 节能检验流程 109
    3.3 16号线高效智能环控系统节能示范案例 110

4 高效智能环控系统关键技术与创新 115
    4.1 基于云技术的智能环控控制系统 115
        4.1.1 智能环控控制系统上云技术 115
        4.1.2 地铁空调负荷模型预测 120
        4.1.3 基于数据模型伴生及冷却塔主动寻优控制的智能环控控制技术 122
        4.1.4 云平台、智能环控控制系统平台 133
    4.2 设备创新技术路线 139
        4.2.1 EC风机在空调机组上的应用 139
        4.2.2 永磁同步变频直驱电机在冷却塔上的应用 140
        4.2.3 磁悬浮冷水机组的应用 142
    4.3 六大标准化体系 150

5 高效智能环控系统总结思考与展望 152
    5.1 实施中遇到的问题 152
    5.2 解决建议 153
    5.3 优化方案 154
        5.3.1 建立水系统模型标准 155
        5.3.2 建立风系统模型标准 158
        5.3.3 建立设备精细化选型标准 159
        5.3.4 建立智能控制系统模型标准 166
    5.4 高效智能环控系统的发展思考 167
        5.4.1 设备部分 167
        5.4.2 系统优化方面的思考 168
        5.4.3 智控部分的思考 169

参考文献 171

1　16号线高效智能环控系统概述

1.1　16号线工程概况

深圳市城市轨道交通第四期建设规划包含6号线支线、12号线、13号线、14号线和16号线共5个项目，总长度达148.9km，总投资约1344.5亿元。

其中16号线工程作为深圳市城市轨道交通第四期建设规划的重要组成部分，承载着城市发展的重要使命，又称"深圳地铁龙坪线"。该线路西起龙岗区的大运站，东至坪山区的田心站，全长约29.2km，共设车站24座。2017年7月7日，中华人民共和国国家发展和改革委员会发布《关于深圳市城市轨道交通第四期建设规划（2017-2022年）的批复》，同意建设深圳地铁16号线一期工程。2022年12月28日，深圳地铁16号线一期通车试运营，历时五年。

16号线工程的建成，不仅极大地提升深圳东部区域的交通服务水平，更是深圳市轨道交通线网向东部拓展的关键一步，是响应深圳市"东进战略"的具体行动，旨在加强龙岗中心城与坪山新区的联系，推动东部区域的经济发展和城市建设。线路的建设有效缓解深圳东部地区的交通压力，提高市民的出行效率，同时，通过大运综合交通枢纽的衔接，实现与城际铁路、公交等多种交通方式的便捷换乘，进一步增强深圳东部的区域交通枢纽功能，对于促进区域一体化发展具有深远影响。

16号线工程起点位于龙岗大道，终点位于规划兰田路与上田路交叉口，全部采用地下敷设方式。本线采用A型车6辆编组，共设有24座地下车站，其中包括9座换乘站。这些换乘站分别是大运站（作为大运综合交通枢纽工程的一部分）、龙城公园站（与规划23号线（云轨）和深惠城际通道相连接的换乘站）、黄阁坑站（与规划21号线和规划10号线东延十字节点相连接的换乘站）、盛平站（与规划31号线T形线路相连接的换乘站）、龙园站（与规划21号线相连接的换乘站）、双龙站（与已有的3号线相连接的换乘站）、坪山站（与规划23号线（云轨）、运营厦深铁路和规划中的深惠城际通道相连接的换乘站）、新和站（与规划 19 号线 T 形线路相连接的换乘站）、坪山围站（与 14 号线相连接的换乘站）。此外，全线还新建了一座田心车辆段、一座龙城公园停车场以及一座双龙主变电所（图 1.1-1～图 1.1-3）。

图 1.1-1　深圳市地铁 16 号线（龙坪线）线路图

图 1.1-2　深圳市地铁 16 号线站点示意图

1 16号线高效智能环控系统概述

图 1.1-3　深圳市地铁 16 号线车站效果图

1.2 高效智能环控系统深圳首批示范线路应用

1.2.1 城市轨道交通空调系统节能潜力

根据中国城市轨道交通协会的统计以及港澳台地区统计部门官网数据，截至 2023 年 12 月 31 日，中国内地累计有 59 座城市投运城市轨道交通线路 338 条[4]，运营线路总长度 11232.65km。据不完全统计（据可统计可对比的 44 市数据且同比数据做同口径调整），2023 年，全国城轨交通总电能耗 249.77 亿千瓦时，同比增长 9.59%[5]。随着新投运线路的不断增加，总体能耗指标不断增长，总电能耗和牵引能耗均达历史最高。通风空调系统是城市轨道交通的能耗大户，空调系统在轨道交通的建设投资约占 1.35%，但运行能耗占比总能耗约 26%，是除列车牵引之外的最大耗能专业。除列车牵引能耗以外，地铁车站中空调系统能耗占比在 50% 至 60%，因此地铁车站空调能耗在节能降耗工作中的重要性不可忽视。针对这一问题，深入研究和有效优化地铁车站空调系统的能耗是至关重要的（图 1.2-2）。

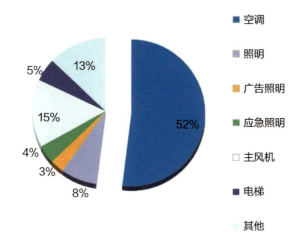

图 1.2-1　车站空调季动力设备用电占比图

图 1.2-2 是某南方城市 2023 年地铁环控系统用电量情况。

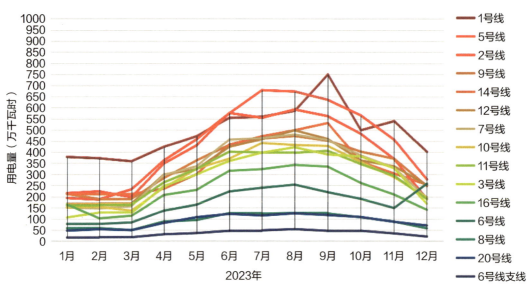

图 1.2-2　2023 年度某南方城市地铁环控系统用电量示意图

根据 2023 年度某南方城市地铁环控系统用电量统计结果，见图 1.2-3，运营地铁线路环控系统全年耗电量达 5 亿千瓦时。在运营过程中，环控系统产生的电费总额为 3.87 亿元。值得关注的是，以上统计线路仍有多条地铁线路尚未采用节能控制系统，这意味着这些线路在节能方面仍有较大的提升空间和潜在的经济效益。

国内城市轨道交通空调系统运行有许多痛点：

（1）能效水平普遍偏低，运行能耗高。国内轨道交通领域仍大量存在粗放式、保守式设计方式，常常导致设计冷量偏大，设备选型偏大，系统无法调节，能耗过高等后果。

1　16号线高效智能环控系统概述

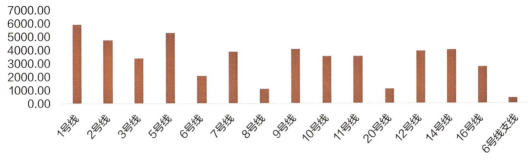

图 1.2-3　2023 年度某南方城市地铁环控系统总用电量示意图

（2）设备运行维护难。许多车站的通风空调控制系统均处于"失灵"状态，需要手动控制调节；空气处理设备的二通阀基本处于全开状态，导致水系统失调；设备出现故障时，需手动排查故障；由于系统设备运行监控不到位，维修服务跟不上，响应速度慢。

图 1.2-4 为南方某典型车站的冷源系统各设备的用电量占比。从图中可知，冷源系统中冷水机的能耗占比最大约占 73%，其次是空调系统的输配能耗约占冷源系统总能耗的 21%，冷却塔的能耗约占 4%。

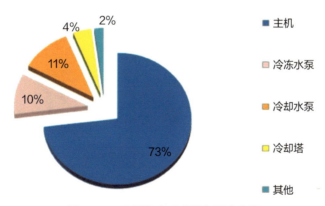

图 1.2-4　空调机房动力设备用电占比

经统计，我国地铁制冷机房的年度平均综合能效比（COP）为 3.0 至 3.5。针对目前轨道交通通风空调行业普遍能耗高、通风空调自控系统基本失效的现状，研究如何降低空调系统能耗、实现系统良好调节、建设高效的空调系统就十分有意义。

为了实现节能减排，我们应当选择能效更高、性能更稳定的空调系统和设备。这不仅能提高地铁车站的环境舒适度，还能有效降低能源消耗。其次，合理地运行调节和能源管理也是降低空调能耗的关键手段。例如，根据实际需求调节空调系统的运行状态、定期进行设备维护和保养、加强能源管理等措施，都能有效降低地铁车站的空调能耗。

在接下来的地铁车站设计和运营中，我们应更加重视空调系统的节能优化。通过采用先进的节能技术和设备，提高能源利用效率，为环保事业做出积极贡献。同时，运营部门也应加强对地铁车站能耗的监管和管理，推动节能减排工作的深入开展。

在迫切的绿色节能减排需求下，高效智能环控系统应运而生。这种系统能够实时监测和调节地铁车站的环境参数，从而最大限度地降低能耗，实现节能减排的目标。因此，高效智能环控系统的应用将成为未来地铁车站空调能耗优化的重要方向之一。

1.2.2 高效智能环控系统技术简介

高效智能环控系统是一种采用高能效空调设备，协同高度集成化、自动化的控制系统，利用先进的传感器技术、计算机技术、网络通信技术等，对车站等大型建筑的室内环境进行实时监测和智能控制。

高效智能环控系统设备由集中控制柜、节能控制柜、数据采集柜、智能手操箱、各类传感器（含室外微型气象仪）、集中显示屏及配套电脑、接口模块及通信网关等组成。其中集中控制柜、节能控制柜设置在环控电控室内。数据采集柜、智能手操箱、集中显示屏及配套电脑设置在车站两端的环控机房内，主要架构见图1.2-5。

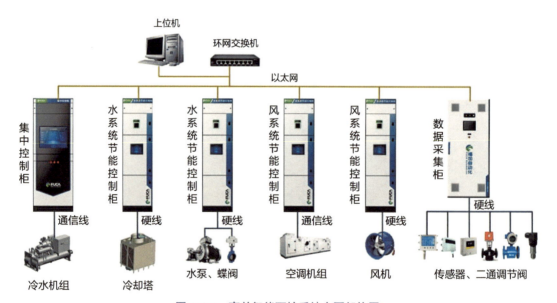

图 1.2-5　高效智能环控系统主要架构图

1）智能环控控制系统

智能环控控制系统（Intelligent Environmental Control System，IECS）是高效智能环控系统的一部分，主要由配电部分和控制系统组成，见图1.2-6，负责整座车站空调系统的节能运行，其受控对象包括但不限于如下所示：

（1）空调水系统：冷水机组、冷冻水泵、冷却水泵、冷却塔、自动反冲洗设备、胶球自动在线清洗装置、冷却水持续消毒装置、水系统电动蝶阀、动态平衡电动调节阀、压差旁通装置、传感器（温度、压力传感器、流量传感器）等。

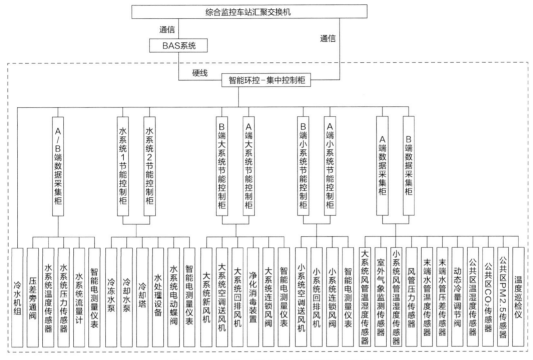

图 1.2-6　智能环控控制系统网络架构图

（2）空调大系统：组合式空调机组、回排风机、空调小新风机、电动风量调节阀、长通道内风机盘管机组或柜式风机盘管机组、各类传感器（公共区温湿度传感器、公共区二氧化碳传感器、室外微型气象仪、送风总管温湿度传感器、回风总管温湿度传感器、混风温湿度传感器、新风道内温湿度传感器、风系统风量传感器）等。

（3）空调小系统：柜式风机盘管机组、回排风机、电动风量调节阀、各类传感器等组成。

（4）IECS：由集中控制柜、节能控制柜、数据采集柜、智能手操箱、各类传感器（含室外微型气象仪）、集中显示屏含配套电脑、接口模块及通信网关（各类控制线缆）等组成。

2）集中控制柜

集中控制柜统一设置在环控电控室内。集中控制柜柜体需接地，机柜内的所有金属接地部件都要连接到一起，柜门和柜体通过接地铜带连接，铜带的截面应不小于 $4mm^2$，所有的保护接地导体都必须和大地连接。

集中控制柜作为 IECS 系统的神经中枢，主要负责以下几项关键任务：实现人机界面的高效交互、执行控制器的复杂运算、处理并优化控制策略与控制算法、确保与其他设备的无缝通信，以及维护与远程 I/O 站点的稳定连接。其内部集成了先进的 PLC 控制器、网络设备（涵盖连接深圳地铁"工控云"的专用网络与安全设备，以及与外部互联网互通所需的网络与安全设备）、直观的人机显示界面、灵活的接口模块，以及强大的通信网关。

智能环控控制系统的节能控制功能，涵盖了节能分析与精准测算，以及主动寻优的节能控制策略，这些功能的实现依托于深圳地铁 NOCC 二期工程的"工控云"平台，充分利用其提供的强大计算与存储资源。集中控制柜通过稳定的车站网络无缝接入"工控云"内部网络，确保数据传输的高效与安全。

"工控云"作为地铁工控系统的内部网络，其接入过程需严格遵守信息安全要求。集中控制柜接入厂家自备或租借云平台时，必须部署专业的安全设备，维护信息边界安全。

此外，在项目规划与执行过程中，应全面评估并充分考虑"工控云"网络调试可能存在的滞后风险，这一风险可能影响到高效智能环控系统的整体调试进度。同时，为确保过渡期间的顺利运行，需合理预算并准备临时过渡设备的使用费用，以应对可能出现的调试挑战。

3）节能控制柜

（1）节能控制柜的设计原则

节能控制柜是 IECS 的远程 I/O 分站。为了实现设备的规整布局并缩减土建规模，应采用强弱电一体化设计原则，严禁分开配置，以确保系统的高度集成化。该控制柜负责为受控对象提供电力供应与精准控制，内部集成了风机或水泵的变频器及工频旁路系统。

节能控制柜与集中控制柜采用以太网环网连接。以太网通信速率不低于 100Mbit/s。此外，节能控制柜还配备了就地手动操作功能，以满足紧急或特殊情况下的操作需求。对于风机或水泵等关键设备，节能控制柜集成了过载、过压、短路等多重保护机制，以确保设备运行的安全性与稳定性。

在设计与制造过程中，节能控制柜严格遵循强弱电一体化集成原则，柜内设计应充分考虑防电磁干扰措施，确保系统运行的可靠性。同时，强弱电线路在柜内实现分离走线，以避免相互干扰。所有电器设备、元件及其附件均确保在系统电压（AC380V ±10%、220V ±10%）、系统额定频率（50Hz/30Hz）范围内，能够长期稳定可靠地运行。所有电器设备、元件及其附件均应达到工业级标准，具备优异的抗电磁干扰能力，并符合相关国际与国家标准的要求。

节能控制柜还需采用以下措施以减少电磁干扰：

节能控制柜的柜体必须进行接地处理，以确保安全。其元件安装板必须选用未经涂漆的镀锌板，以增强导电性和抗腐蚀性。机柜内的所有金属接地部件需严格连接成一个整体，以确保接地系统的连续性和有效性。滤波器、变频器等电气部件需通过螺钉直接固定在元件安装板或横梁上，以保证其稳固性和电气连接的可靠性。柜门与柜体之间应通过接地铜带进行连接，且铜带的截面面积不得小于 $4mm^2$。同时，所有的保护接地导体都必须妥善地与大地连接，以保障整个系统的电气安全。

在电力系统的布局设计中，应严格遵循规范，避免控制电缆与动力电缆长距离平行铺设，二者之间需保持一定的安全间距。若因实际需求必须交叉铺设时，应从空间上确保垂直穿越，以减少潜在的电磁干扰。同时，对于强电回路与弱电回路之间的布局，应采取有效的隔离措施，以保障系统运行的稳定性和安全性。

（2）节能控制柜的功能分类

节能控制柜主要分为风系统节能控制柜和水系统节能控制柜（大系统节能控制柜、小系统节能控制柜），统一设置在环控电控室内。

① 风系统节能控制柜

风系统节能控制柜主要包含以下组件：

a. 控制器：该组件是风系统节能控制柜的核心，主要负责监控、控制及调节风系统的运行状况，以实现智能化、精准化的管理目标。

b. 传感器：传感器负责实时采集风系统的关键参数，包括但不限于温度、湿度、压力等，为控制器提供精确的数据支持，确保控制决策的准确性和有效性。

c. 执行器：根据控制器发出的具体指令，执行器将直接对风阀、风机等关键设备进行调节，以实现风系统的高效、稳定运行。

d. 通信模块：此模块承担着与其他系统（例如高效智能环控系统、BAS 系统等）进行数据交换和信息共享的重要任务，确保风系统节能控制柜能够融入更广泛的系统环境中，实现更高级别的协同管理。

e. 电源模块：为控制柜提供稳定、可靠的电源供应，确保控制柜及其内部组件能够持续、稳定地运行。

f. 保护装置：该装置主要用于防止设备在运行过程中出现过载、短路等故障，从而保护设备免受损坏，并确保风系统的安全、可靠运行。

在涉及 EC 风机（全称：数字无刷直流外转子风机，以下简称 EC 风机）的设备（冷却塔除外）的节能控制系统中，明确规定无需在节能控制柜内配置工频旁路，但必须设置就地启停功能及权限切换功能。EC 风机的通信线路应直接接入节能控制柜，通过内置的网关 PLC 或 DDC 控制器，将风机的内部状态信息上传至高效智能环境控制系统。

所选用的网关 PLC 或 DDC 控制器需至少配备两个独立的通信端口。一个端口专用于与 EC 风机建立通信连接，且需支持标准的 MODBUS-RTU 通信协议，以确保数据交换的兼容性与准确性。另一个端口则用于与高效智能环控系统或 BAS 系统通信。此端口应支持包括现场总线（如 MODBUS、PROFIBUS、CAN、DeviceNet 等）及以太网在内的多种通信方式，并遵循开放的总线协议标准（如 TCP/IP），以最大化系统的兼容性与扩展性。

在选择网关 PLC 时，其品牌应与智能环境控制系统的 PLC 品牌保持一致，以确保系统的整体协调性与稳定性。若采用 DDC 控制器，则必须提供该控制器的 CE 认证。

② 水系统节能控制柜

水系统节能控制柜的主要构成和功能与风系统节能控制柜类似，主要包括控制器、传感器、执行器、通信模块、电源模块和保护装置等。不同的是，水系统节能控制柜主要用于控制和调节水系统的运行，实现节水、节能的目标。

在实际应用中，根据不同场景和需求，合理选用节能控制柜，并结合有效的维护和管理措施，实现高效节能效果。

在冷却塔配置中，若选用了永磁同步电机（即 SPM 或 IPM 电机），则高效智能环境调控系统所集成的变频器必须展现出对永磁同步电机稳定且高效的驱动能力。在此架构下，高效智能环境调控系统的节能控制柜内，无需特别配置针对冷却塔的工频旁路电路。

对于装备有三相异步电动机的设备，其对应的节能控制柜内则必须设置工频旁路，以确保设备的稳定运行和灵活切换。

此外，若系统中还存在其他采用永磁同步电机的设备（如适用），则高效智能环境调控系统的节能控制柜亦应预留并配置工频旁路，以适应潜在的设备需求。

在节能控制柜的配电规划中，设备电机的类型需严格依据设备清单进行确认，以确保电力分配的准确性和合理性。

同时，节能控制柜内应设置一定数量的备用回路。两端的大系统节能控制柜均需设置备用回路，备用回路按照大系统空调单机功率最大的设备考虑。两端的小系统节能控制柜均需设置备用回路，备用回路按照小系统空调单机功率最大的设备考虑。

对于冷却塔与环控电控室之间距离超过 200m 的站点，为了保障电力传输的纯净度和稳定性，建议在冷却塔的配电回路中安装正弦滤波器。

4）数据采集柜

数据采集柜，作为 IECS 架构中的远程 I/O 分站，其核心功能是负责现场传感器的信号采集及末端水系统动态平衡电动调节阀的控制及状态采集。为实现数据的高效流通与实时响应，数据采集柜与集中控制柜之间构建了以太网环网连接体系，确保数据传输速率不低于 100Mbit/s。

为了优化空间布局与运维管理，所有数据采集柜均统一设置在车站两端的环控机房或制冷机房内。

5）风机就地智能手操箱

风机就地智能手操箱，用于就地操作功能，其主要应用场景是与节能控制柜协同工作。在连接方式上，该智能手操箱采用现场总线或以太网方式与节能控制柜连接。

针对采用三相异步电动机及永磁同步电机驱动的设备，包括但不限于大系统组合式空调机组、大系统空调小新风机、大系统空调回排风机、小系统柜式风机盘管机组以及小系统空调回排风机，均明确要求需在环控机房内配置智能手操箱。

智能手操箱的安装位置统一规划，并设置在车站两端的环控机房内，以便于集中管理和操作。为了满足不同系统的通信需求，智能手操箱需支持 PROFIBUS、MODBUS、CAN、DeviceNet 等多种现场总线协议，通过智能手操箱耦合器实现与各类设备通信。

6）空调机组及冷却塔就地智能手操箱

采用 EC 风机的组合式空调机组、柜式风机盘管机组以及冷却塔，均配备就地智能手操箱以实现就地操作。该手操箱具备最高操作权限（带就地和远程转换开关），并且能够脱离 BAS 系统独立工作。该智能手操箱主要用于与采用 EC 风机的组合式空调机组、柜式风机盘管机组和冷却塔的现场配电箱协同工作。其电源由智能环控控制系统提供。智能手操箱应包含手动/自动转换开关、设备运行指示灯、设备故障指示灯、设备启动按钮和设备停止按钮。

此外，智能手操箱应配备至少两个通信端口：一个用于与 EC 风机通信，另一个用于与高效智能环控系统或 BAS 通信。与 EC 风机通信的端口应支持标准 MODBUS-RTU 通信协议，而与高效智能环控系统或 BAS 通信的端口应采用现场总线或以太网连接，并应支持开放总线协议，例如 MODBUS、PROFIBUS、CAN、DeviceNet 等。

1.2.3 高效智能环控系统全国发展规模

高效智能环控系统在全国范围内的发展规模正持续迅速扩大，这一显著增长趋势得益于多重因素的共同作用，其中包括《绿色高效制冷行动方案》等政策的积极引导，以及企业技术创新的不断驱动。

国家发展改革委等七部委联合印发的《绿色高效制冷行动方案》对大型公共建筑制冷系统提出了明确要求，这一政策导向有力地推动了高效空调制冷机房能效与智能化控制水平的提升。例如，美的楼宇科技参与编制的《中国高效空调制冷机房发展研究报告（2021）》中，提出了适合我国国情的高效空调制冷机房系统应用技术体系，促进了相关产业的高质量发展和绿色低碳转型。

深圳地铁的智能环控系统取得了显著成果，2019 年 8 月，深圳地铁确定四期工程 142km、76 个车站，全面应用基于云技术的高效智能环控系统，实现全线网级高能效体系，实现管理与技术创新双突破。创造了国内多个"首次"，例如首次大规模采用永磁同步电机的冷却塔，以及首次采用 EC 风机的 8 万风量以上组合空调机组，首次规模化实现空调控制系统接入地铁云平台，这些技术的应用大幅度提高了系统的节能效率。

截至 2023 年，高效智能环控系统已广泛应用于包括深圳市、洛阳市、天津市、宁波市、广州市、武汉市、青岛市、长春市在内的 38 座城市，覆盖了 190 条城市轨道交通线路。

综上所述，高效智能环控系统在全国范围内的发展势头强劲，其背后离不开政策的有力支持和企业的技术创新。展望未来，随着技术的不断进步和市场需求的持续增长，这一领域有望继续保持快速发展的良好态势，为实现碳达峰碳中和目标贡献更大力量。

1.3 高效智能环控系统在深圳地铁四期工程应用

1.3.1 深圳四期工程全面推广的应用

随着我国城市化进程的加速推进，地铁交通已经成为城市出行的主要方式。与此同时，地铁系统的能耗问题也日益受到公众的广泛关注。在这种背景下，作为地铁系统中关键的能耗设备，制冷机房的能效问题变得尤为突出。根据深圳地铁制冷机房的实测数据，2016 年建成的碧海湾站和桃源村站的机房综合平均 COP（性能系数）分别为 3.4 和 3.97[6]。这表明，深圳地铁的制冷机房在能效方面还有很大的提升空间。

传统的环控建设模式下，设计、设备、控制以及安装调试等环节彼此独立，缺乏一个对空调系统整体能效承担主要责任的主体。这种松散的设计及管理模式导致了深圳地铁四期以前地铁制冷机房年均综合 COP 仅维持在 3.0~3.5 的水平，存在较大的节能空间。

高效智能环控系统由深圳地铁通过联合体招标方式，由中标的冷水机组制造商作为总承包商，负责完成设备供货、系统集成、BIM 深化设计、装配式施工、调试与联调、云管理以及能效认证等相关工作，实现了一体化服务。全线空调机房能效达到 5.0，系统能效达到 3.5，显著超越了行业标准。这不仅革新了传统的空调设备采购模式，而且实现了整个线路的高效节能。

经过计算分析，采用高效智能环控系统的车站按每站增加投资 98 万元，机房年平均 COP3.5 提高到 COP5.0 计算，系统节能 35%，每站每年节省电费 41.2 万元（0.79 元/度），投资回收期 2.4 年，全寿命周期每站节省电费 297 万元（考虑设备能效下降、融资成本，不含投资回收期，不含风系统节能）。在四期工程建设中，12、13、14、16 号线共 76 个车站全面应用智能环控系统，计算全寿命周期节省电费超过 2 亿元。

深圳四期工程全面建设应用智能环控系统，涉及 142km 线路、76 个车站。这一创新举措不仅提升了地铁运营的智能化水平，更为全国的高效智能环控系统建设提供了宝贵的经验和借鉴。

16号线智能环控控制系统实际应用的范围包括以下22座地下车站，依次为：大运中心站、龙城公园站、黄阁坑站、愉园站、回龙埔站、尚景站、盛平站、龙园站、双龙站、新塘围站、龙东站、宝龙同乐站、坪山站、新和站、六和站、坪山围站、坪环站、东纵纪念馆站、沙堡站、燕子湖站、石井站和田心站。图1.3-1可见16号线田心站的装修效果，突出16号线的科技力量感。

图1.3-1　16号线田心站效果图

1.3.2　应用高效智能环控系统的目标

深圳地铁践行绿色发展理念，积极落实国家发改委颁布的《绿色高效制冷行动方案》，开展了南山书城站高效制冷机房科研试点项目。该项目制冷机房综合能效（COP）达到5.0以上。在此基础上，深圳地铁在四期工程76座车站展开基于云平台的数字化高效智能环控系统应用与研究，还致力于关键设备节能技术研究与应用，以及智能高效运维的研究和应用，并建立了高效智能环控系统的六大标准化体系。

1. 建设目标

2019年8月深圳地铁四期工程高效智能环控系统建设正式开始，工程建设同时，同步开展关键技术研究和六大标准化体系的建设，实现制冷机房全年平均综合制冷能效系数（COP机房）≥5.0，空调系统全年平均能效系数（TCOP）≥3.5能效目标。计算方法详见以下公式：

$$COP_{机房} = Q_{主机冷量} \div (W_{主机} + W_{冷冻水泵} + W_{冷却水泵} + W_{冷却塔})$$

$$TCOP = Q_{主机冷量} \div (W_{主机} + W_{冷冻水泵} + W_{冷却水泵} + W_{冷却塔} + W_{大系统} + W_{小系统})$$

2. 开展关键技术研究

1) 建立深圳地铁数字化高效智能环控系统的六大标准化体系

当前，国家地铁行业标准尚未涵盖高效智能环境控制系统在控制、安装、施工、调试及能效验收等方面的具体规范。因此，构建一套适用于深圳地铁的高效智能环境控制系统标准体系显得尤为重要。为此，深圳地铁建设集团有限公司联合设计研究院、空调设备厂商以及智能环控设备厂商，共同起草了关于高效智能环境控制系统的设计、安装、施工、调试及能效验收的标准体系，为未来地铁高效智能环境控制系统建设提供了重要的参考依据。

2) 基于云技术的控制系统应用与研究

将传统工业控制系统迁移到云平台（图 1.3-2），能够有效地建立车站与车站、车站与控制中心的数据链路，符合云生态、基云原生和物联网的云平台的应用，可以实现资源分配的统一化、提升运维管理的效率，并且便于进行数据挖掘等后续应用。这对城市轨道交通的数字化和智能化发展具有重要的意义。

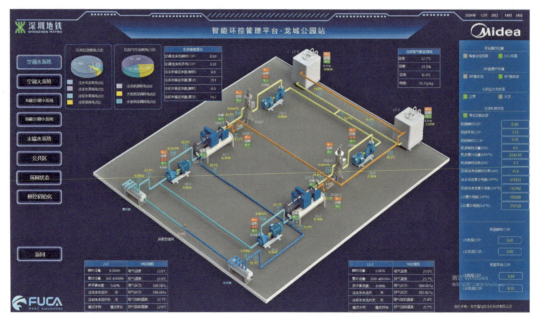

图 1.3-2　智能环控管理云平台界面

3) 在地铁建设中对关键节能指标的确定与研究

在当前的地铁高效智能环控系统建设过程中，缺乏几个关键领域的系统性研究，如设备系统的占地面积、能耗分布、经济技术综合指标，以及能效指标等。同时，作为这些关键指标数据存储和分析的云平台，也缺乏明确、统一的构建标准。通过分析高效智能环境控制系统的实际运行数据，并据此构建出多维度、系统化的指标体系，将为实现真正的节能效果、推动精细化建设和运维管理提供重要支撑，具有深远的意义。

4）在地铁建设中对空调设备的技术创新与应用

在地铁线路中制冷系统能耗约占地铁环控系统总能耗的70%。空调系统设备在技术上的创新对提升地铁空调系统的运行效率和可靠性有重要意义。

5）环控工艺及管路设计优化

城市轨道交通系统中的空调系统，在结构设计、资源优化配置、空调系统的设置理念和内部运营管理等方面，均面临诸多挑战。智能环控机房采用BIM预制技术、通过对工艺与管路设计的精心优化，有效减少了风管和水管系统的阻力，进而实现了风机水泵扬程的降低，设备投资成本的缩减，以及运行能耗的显著下降，对于优化系统的投资与运营成本具有重要意义。

6）专业融合，智能维保，提质增效

环控系统在运维管理方面面临诸多挑战：首先，地铁站中央空调系统的复杂结构导致了大量运维人力资源的消耗；其次，由于专业分工细致，现场问题通常需要空调、配电、综合监控三个领域的专业人员共同处理。因此，依托于高效智能的环控系统，基于高度自动化、智能化、数字化的云平台，实现三个专业领域的融合，对于提升智能运维水平、提高运维质量、增强运维效率具有重大意义。

2 高效智能环控系统的设计方案

在高效智能环控系统方案设计中，本研究运用了多层面的战略思维，涵盖标准深化设计、BIM优化设计、精细化工艺设计等多个方面。与传统设计模式相比，本研究更加注重设备选型、机房空间布局，以及系统工艺流程的精细化和规范化。从设计源头着手解决，有效规避了参数选型宽泛、设计冗余等造成能效低下的常见设计通病。

本方案的控制策略采用"1＋4"架构，即一个核心架构配合四种寻优方法，以实现系统的主动节能。在仿真系统构架下，通过冷水机组主动寻优控制、冷却塔主动寻优控制、制冷机房系统能效主动寻优控制、空调送／回风温度设定点主动寻优控制，优化系统性能。

这种策略不仅提升了能效，也为后续深入探讨各控制环节的详细设计和优化提供了理论基础。

2.1 高效智能环控系统方案设计

2.1.1 标准化机房布置

冷水机组（以下简称"主机"）采用双侧接管设计，水泵与主机实现一对一连接，并预留了充足的空间以安装各类传感器，整个机房的尺寸需求为15m×6m。针对16号线的特点采取标准化设计，使该机房可快速应用于其他站点。标准化机房的布局见图2.1-1，现场布置见图2.1-2。

2 高效智能环控系统的设计方案

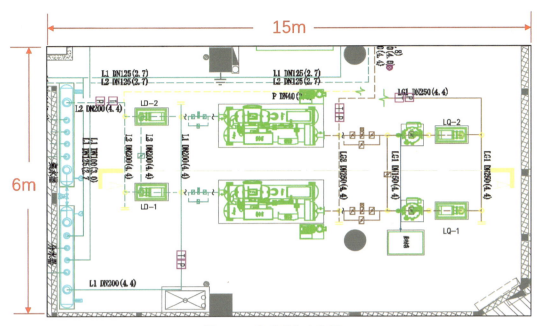

图 2.1-1 标准化机房布局

图 2.1-2 制冷机房现场布置图

16号线总共有8个站可采用标准化设计，站点分析如表2.1-1所示。

表2.1-1　16号线标准化车站梳理表

序号	站名	可否采用标准站优化	序号	站名	可否采用标准站优化
1	大运中心站	×	12	宝龙同乐站	×
2	龙城公园站	√	13	坪山站	×
3	黄阁坑站	√	14	新和站	×
4	愉园站	√	15	六和站	×
5	回龙埔站	×	16	坪山围站	×
6	尚景站	×	17	坪环站	√
7	盛平站	×	18	东纵纪念馆站	√
8	龙园站	√	19	沙堼站	×
9	双龙站	高效站	20	燕子湖站	×
10	新塘围站	×	21	石井站	×
11	龙东站	√	22	田心站	√

2.1.2　标准化设备选型

通过对16号线所有站点的详细分析得知，标准站点（车站总长250m以内，水管单程输送距离250m以内，大系统风管长度120m以内，小系统风管长度100m以内），基本可满足以下指标要求：

（1）水系统：冷冻水泵扬程≤24m，冷却水泵扬程≤22m，冷却塔流量为1.45倍主机流量。

（2）风系统：大系统机外余压≤550Pa，小系统≤500Pa。

对于招标初步设计，可采用以上指标，后续深化设计基本与初步设计值接近，以减少设备变动的工作量。

2.1.3　标准化传感器定位

暖通系统设计完成后，可以直接在CAD图纸中进行传感器定位，详见图2.1-3。通过剖面图和平面图可清晰地反映传感器的具体位置。

2.1.4　风系统深化设计

为降低风机能耗，风系统深化设计应执行以下原则：

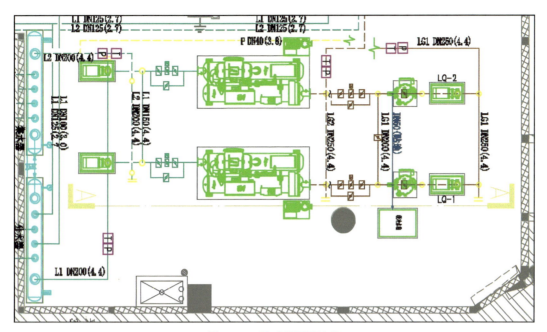

图 2.1-3 传感器平面定位
（P：压力传感器，T：温度传感器）

（1）大系统机外余压≤600Pa；

（2）小系统机外余压≤550Pa；

（3）机组全压≤950Pa；

（4）剔除原设计计算余量；

（5）加大管径，采用三通替代静压箱。

以龙园站为典型代表的16号线标准站，其风系统经过细致的深化设计优化后，风系统功率总计减少了29%，即运行功率降低了31kW，具体数据详见表2.1-2。

表 2.1-2 龙园站风系统优化表

设备	优化前（设计值）				（优化后）深化设计参数				运行功率降低（%）
	选型风量（m³/h）	机外余压（Pa）	机组全压（Pa）	电机运行功率（kW）	选型风量（m³/h）	机外余压（Pa）	机组全压（Pa）	电机运行功率（kW）	
KT-A1	65900	800	1213	36.4	65900	350	763	22.9	37
KT-B1	65900	800	1163	34.9	65900	480	843	25.3	28
K-A1	27500	650	832	10.4	27500	520	702	8.8	16
K-A2	29100	650	828	11.0	29100	570	748	9.9	10
K-B1	7080	600	787	2.5	7080	480	667	2.2	15
K-B2	30600	800	973	13.6	30600	400	573	8.0	41
合计	—	—	—	108.8				77.0	29

2.1.5 水系统深化设计

为降低水泵能耗,水系统深化设计应执行以下原则:
(1)冷冻水泵扬程≤24m,效率≥78%;
(2)冷却水泵扬程≤22m,效率≥78%;
(3)主机水泵一对一连接;
(4)减少弯头三通降低阻力。

16号线标准站以龙园站为例,水系统经过以下深化设计:

(1)优化管道布局,包括减少不必要的弯头和三通,调整分集水器的位置,确定反冲洗水箱的合适位置,以及胶球清洗装置的安装点。确保主机两侧的接管顺畅,并预留足够的空间用于安装传感器。

(2)在冷冻侧,通过水泵压入式连接来实现,有效减少了至少6个弯头三通。而在冷却侧,则采用了直接的一对一连接方式。

图2.1-4~图2.1-7详细呈现了制冷机房优化前后的CAD对比图,而图2.1-8则展示了现场实际优化后的制冷机房效果。

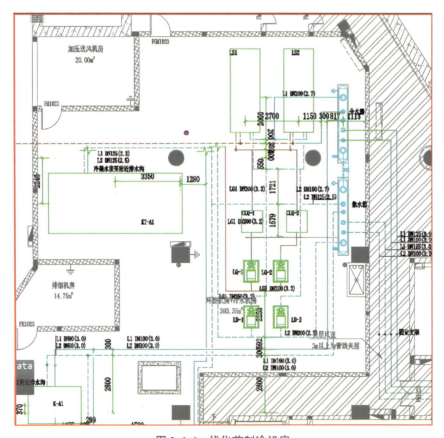

图2.1-4 优化前制冷机房

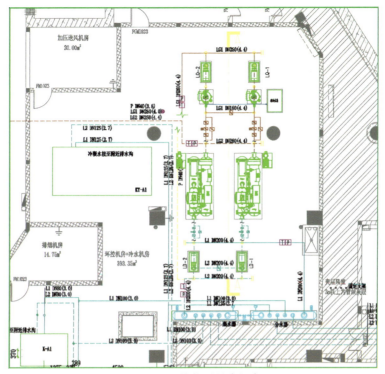

图 2.1-5 优化后制冷机房

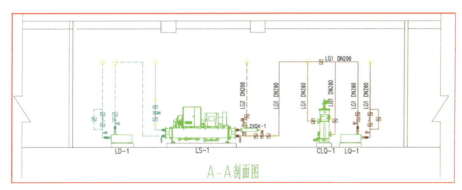

图 2.1-6 优化前制冷机房剖面

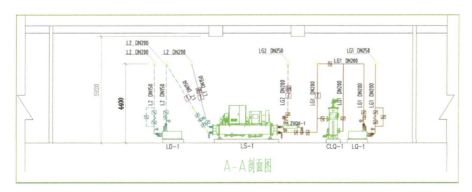

图 2.1-7 优化后制冷机房剖面

图 2.1-8　制冷机房实际效果图

经过细致的调整，标准站龙园站的水系统性能得到了提升。冷冻水泵的扬程已优化至 24mH$_2$O，而冷却水泵的扬程则调整为 22mH$_2$O。针对冷冻水泵，我们的选型设计点设定为 104m^3/h，扬程 24mH$_2$O，按招标要求的 1500r/min，选型结果显示，设计点效率高达 76.1%，同时在变流量工作区间内，效率稳定维持在 74%～76%。此外，冷却水泵的选型也确保了其在全负荷变流量工况下，始终运行于高效区。

2.1.6　传感器安装及控制系统的深化设计

1. 传感器安装的深化设计要点

（1）流量计：确保流量计安装空间符合前 5D 后 3D 的规范要求，以确保测量准确性。

（2）温度传感器：应安装在距离主机出口大于 1m 的位置。

（3）压力传感器：必须配备手动球阀，其安装效果详见图 2.1-9。

（4）风量传感器：应准确安装于风管的 1/3 截面处。

（5）室外气象站与传感器：在冷却塔上风口附近的地面上立一根角钢。传感器应稳固安装于角钢之上，且离地面高度至少为 1.5m，与冷却塔的水平距离至少应保持 1.5m，以减少冷却塔运行对传感器的影响。

（6）室内温湿度传感：室内温湿度传感器应固定在墙面上。

（7）新风室与混风室温湿度传感器：安装于墙面的温湿度传感器高度为 1.5m。

（8）站厅、站台及过道传感器：站厅、站台及过道的温湿度传感器、CO_2 传感器、

PM2.5 传感器的安装高度应统一为 2.5m。

图 2.1-9　压力传感器实际安装效果图

2. 系统控制策略

（1）冷水机组容量直接控制策略：通过计算指定主机负荷输出，使空调系统处于"按需供应"的理想运行状态，具有自适应的调节功能，控制精准，同时避免冷量浪费，控制更加简单且更加节能。

（2）冷冻水变压差控制策略：利用智慧阀数据，结合泵阀一体的智能变频技术，在确保管网动态平衡的基础上，最大化阀门开度，以降低管网阻力。通过对应的变频策略控制冷冻水泵转速，降低水泵扬程，从而在满足末端流量需求的同时，使冷冻水系统运行于优化工况点，实现电耗最低化。

（3）冷却侧"主动寻优"控制策略：采用先进的控制算法，对冷却侧进行主动寻优控制，以进一步提高系统的能效比和稳定性。该策略能够实时监测并调整冷却系统的运行状态，确保其在最优工况下运行。

2.1.7　高效智能环控系统深化设计成果文件

在施工图阶段，厂家需提供的深化设计工作要求详列如下，但不限于以下项目：

（1）对每个站点的高效智能环控系统进行 BIM 图深化。

（2）制作每个车站智能环控控制系统的控制点表图，明确列出每个柜体的具体受控对象点。

（3）绘制每个车站智能环控控制系统的平面布置图，包括柜体排布图和受控对象示意。

（4）提供每个车站智能环控控制系统的弱电桥架走线图。

（5）出具每个车站智能环控控制系统的控制柜大样图。

（6）对每台控制柜提供一次配电图、二次控制原理图、接线端子图（包括控制柜侧和现场设备侧），并附上电缆清单（需与后续专业出图相匹配，以便进一步核查）。

（7）制作每个车站高效智能环控系统的网络拓扑图。

（8）进行系统参数计算、优化机房管线布置、设备选型优化、传感器定位、系统深化图纸、安装大样图（包括各类传感器）、节能策略及控制深化设计等。

以上环控系统深化设计流程详见图 2.1-10，旨在确保设计的完整性和施工的准确性，以期达到高效智能环控系统的最佳性能。

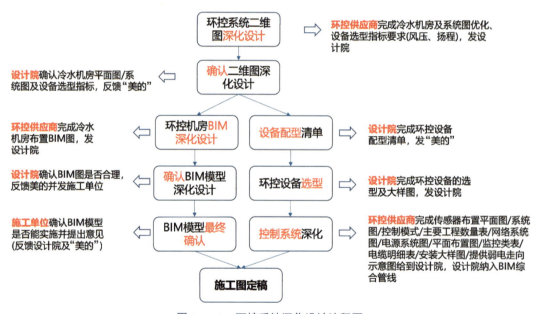

图 2.1-10 环控系统深化设计流程图

2.2 基于 BIM 预制的环控工艺及管路设计优化

2.2.1 水系统低阻力模块化优化设计

1. 机房水系统

1)"一机一泵"的连接方式

经过优化的制冷机房水系统通常采用如图 2.2-1 所示的配置，其安装效果见图 2.2-2，冷水机组与水泵之间采用一对一的连接方式（简称"一机一泵"），并通过备用旁通管连接，旁通管上的手动蝶阀保持常闭状态。这种"一机一泵"的配置在控制方面更为稳定可靠，并且在平面布局时便于实现低阻力和标准化设计。因此，在设计和建造过程中，应优先考虑采用这种连接方式。

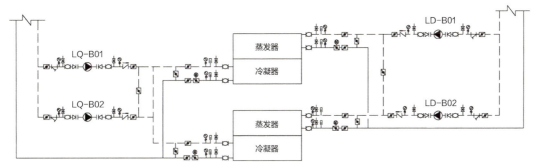

图 2.2-1　冷水机组与水泵连接形式（一机一泵）

图 2.2-2　制冷机房实际效果图

2）水系统低阻力优化

制冷机房水系统低阻力优化主要体现在如下几项措施：

（1）低阻力过滤器：Y 型水过滤器阻力较大，一般为 2～4m，水泵入口过滤器孔径推荐选用 4mm，高效制冷机房项目中应选择低阻型过滤器，过滤网 5～10 目。

（2）低阻止回阀：目前行业上常用的消声止回阀，阻力较大，高效制冷机房建设中应选择低阻力型止回阀。将止回阀改为橡胶瓣止回阀，过滤器及止回阀水阻均小于

$0.5mH_2O$。

（3）优化接管形式：水泵与主机直管相连。水泵直接连接主机进出水管，减少系统弯头，同时冷水机组和水泵蝶阀共用，减少蝶阀数量。合理应用低阻力弯头、顺水三通、顺水弯头等。管路现场安装效果见图2.2-3所示。

图2.2-3　制冷机房管路现场安装效果图

通过固定冷水机组、冷冻水泵、冷却水泵、阀门及相关传感器的相对位置、预留足够的安装检修空间、管网低阻力设计等措施，建立制冷机房平面图，将所需机房尺寸提资给建筑专业。

通过精确规划冷水机组、冷冻水泵、冷却水泵、阀门及相关传感器的布局，预留出充分的安装与检修空间，并融合管网低阻力的设计理念，构建了制冷机房的平面布局，并将该机房的尺寸参数资料提资给建筑专业，以便进行后续的优化设计。优化后的机房面积与尺寸参数具体如表2.2-1所示。BIM模型及实际安装效果图见图2.2-4、图2.2-5。

表2.2-1　优化后高效制冷机房尺寸

地铁站点	形式	长度（m）	宽度（m）	净高（m）	机房面积（m²）
标准站 （2台冷水机组）	同侧接管见图2.2-4	28	17	4.0	476

2 高效智能环控系统的设计方案

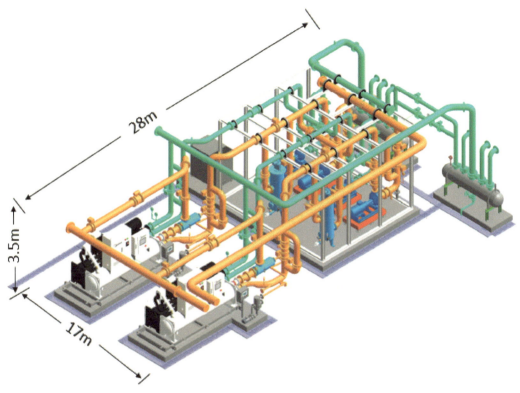

图 2.2-4　冷水机组优化后同侧接管布置图

图 2.2-5　冷水机组实际安装效果图

2. 末端水系统

本地铁项目冷水系统末端水系统采用如图 2.2-6 所示形式，其中大系统设计冷量占比 60%～70%；包含两台组合式空调机组（其接管配置见图 2.2-7），分别服务于车站两端的公共区域；而小系统则承担剩余的 30%～40% 冷量供应任务，以满足办公区域及设备间的冷负荷需求。

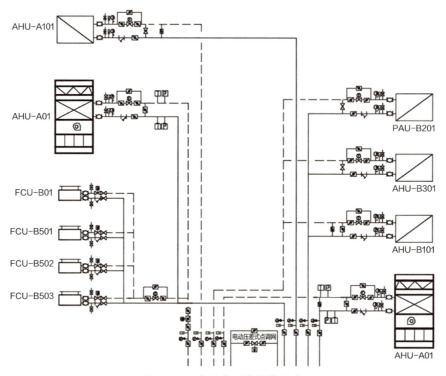

图 2.2-6　末端水系统接管形式

图 2.2-7　空调柜接管配置图

2 高效智能环控系统的设计方案

为控制水管中的水流速并降低沿程阻力,末端水系统中的最不利环路(即车站小端)的各管径比摩阻宜控制在 100Pa/m 以下;而其他支路(即车站大端)的比摩阻则宜保持在 300Pa/m 以下。为确保环控系统的高效能,水系统控制阻力的最终目标值应满足表 2.2-2。

表 2.2-2　水系统控制阻力目标值

系统名称	设备名称	水阻(mH_2O)
冷冻水系统	机房内总阻力	≤10
	机房外总阻力	≤12
	水泵选型扬程	≤24
冷却水系统	水泵选型扬程	≤22

2.2.2　基于风压预设目标值的风系统优化设计

在空调系统中,风系统的压力损失主要集中在空调机房内,管路复杂且配置的阀门数量繁多。为了尽可能降低管路阻力损失,风系统优化设计应遵循以下原则:

(1)鉴于环控机房内新风道至混风箱、空调机组出口至静压箱的阻力损失较大,环控设计应尽量避免设置静压箱,而应直接从空调机组接管。

(2)在条件允许的情况下,建议增大风管截面面积,以降低风管流速,从而减小系统阻力。

(3)空调机组出口变径管的斜率不宜超过 1:7。

(4)转弯或弯头的风管内边至风机入口的距离应大于风机入口的直径,以确保气流均匀进入风机叶片。

(5)风机出口到转弯处应有不小于 3D 的直管段,以避免不必要的静压损失。

(6)风管或土建风道截面扩大或缩小时,不应设置成突扩或突缩,宜采用渐扩或渐缩的设计。

(7)在施工图设计阶段,设备风压的选型应基于详细的水力计算,并对管路布局进行优化,以减少输送能耗。

经过高效智能环控优化设计,大系统风压控制目标值需符合表 2.2-3,小系统风压控制目标值需符合表 2.2-4。

表 2.2-3　大系统风压控制目标值

系统形式	设备名称	余压(Pa)
双端送风	大端空调机组余压(Pa)	≤550
	大端回排风机全压(Pa)	≤550

续表

系统形式	设备名称	余压（Pa）
双端送风	小端空调机组余压（Pa）	≤ 500
	小端回排风机全压（Pa）	≤ 500
单端送风	空调机组余压（Pa）	≤ 600
	回排风机余压（Pa）	≤ 600

表 2.2-4 小系统风压控制目标值

系统类型	空调机组余压（Pa）	回排风机风压（Pa）
大端27℃管理用房	≤ 400	≤ 400
大端27℃设备用房	≤ 500	≤ 500
大端36℃设备用房	≤ 450	≤ 450
小端27℃设备用房	≤ 350	≤ 350

2.2.3 环控系统设备精细化选型

1. 选型安全系数及主要设备性能要求

在进行地铁高效智能环境控制系统的设备选型时，必须综合考虑各种关键参数，以确保机房的高效和安全运行。以下是对相关设备选型参数的选项原则和能效要求的总结。

1）设备选型系数

在地铁环控系统的设计和设备选型过程中，确保系统性能的最优化是至关重要的。这涉及对制冷机、空气处理设备、冷却塔、水泵以及风机等关键设备的冷量、风量、水量、流量、扬程和全压等参数的精确计算和合理放大，以适应实际运行中的各种工况：

（1）制冷机的冷量＝计算冷量；

（2）空气处理设备选型冷量＝计算冷量×1.05；

（3）空气处理设备选型风量＝计算风量×1.05；

（4）冷却塔的选型水量＝主机冷凝器流量×1.45；

（5）冷冻水泵的选型流量＝主机蒸发器流量×1.05；

（6）冷却水泵的选型流量＝主机冷凝器流量×1.05；

（7）水泵设备的选型扬程＝计算扬程×1.1；

（8）风机设备的选型风量＝计算风量×1.05；

（9）风机设备的选型全压＝计算全压×1.1。

2）设备选型能效要求

同时，设备的能效等级也是选型时必须重点考虑的因素。表 2.2-5 列出了各类设备的具体能效标准,包括冷水机组、冷却塔、水泵、空气处理设备以及其他辅助设备的电机能效等级,这些标准旨在指导选型过程,确保所选用的设备不仅性能优越,同时也符合节能减排的环保要求。

表 2.2-5 设备能效要求

序号	设备名称	能效要求
1	冷水机组	名义工况下 COP、IPLV 达到 1 级能效
2	冷却塔	电机 1 级能效,风机 2 级能效
3	水泵	电机 1 级能效,能效需达到节能评价值
4	空气处理设备	变频,电机 1 级能效,风机 2 级能效
5	反冲洗过滤器配套水泵用电机	2 级能效
6	胶球在线清洗装置配套水泵用电机	2 级能效

2. 冷水机组精细化选型

当前冷水机组市场上的主流产品为变频螺杆机、变频离心机和磁悬浮离心机,以上产品均符合 COP(性能系数)和 IPLV(部分负荷性能指标)的双一级能效标准。

在选择最适宜的机型时,必须综合考虑主机性能曲线和实际项目数据。以已经投入运营的站点为例,制冷季节冷水机组的运行负荷率及其对应小时数详见表 2.2-6。此外,不同类型的冷水机组在不同冷负荷率和冷却水温条件下的冷水机组性能曲线见图 2.2-8~图 2.2-10。

表 2.2-6 单台机组负荷率与冷却水温运行小时数分布图

冷却水温(℃)	负荷率(%)										合计(h)	时间占比
	21	22	23	24	25	26	27	28	29	30	31		
0~10	0.4	0.2	0.4	0.5	0.4	0.2	0.5	1.1	1.5	1.4	0.3	6.9	0.14%
10~20	0.2	0.3	1.3	2.1	1.8	0.5	0.4	1.2	1.1	1.2	0.1	10.2	0.21%
20~30	2.7	3.8	4.6	3.2	4.9	7.6	2.5	2.2	2.4	2.4	0.2	36.5	0.75%
30~40	24.5	69.2	64.2	54.2	31.7	16.8	14.4	32.4	37.5	11.0	0.4	356.3	7.32%
40~50	40.9	74.3	57.3	92.6	68.9	74.3	51.7	58.3	122.6	64.1	1.3	706.3	14.52%
50~60	1.1	0.8	0.6	1.8	3.4	26.6	45.9	250.0	534.8	248.2	8.9	1122.1	23.06%
60~70	0.5	0.2	0.3	0.9	2.8	17.6	14.4	172.9	466.8	673.5	25.8	1375.7	28.27%
70~80	0.1	0.2	0.1	0.1	0.3	5.8	28.8	47.9	161.4	483.0	30.5	758.2	15.58%
80~90	0	0.2	0	0.2	0.3	3.2	25.9	60.8	113.4	161.4	25.5	390.9	8.03%
90~100	0	0.2	0	0	0.1	0.1	3.1	31.2	23.4	32.9	11.6	102.6	2.11%
合计(h)	70.4	149.4	128.8	155.6	114.6	152.7	187.6	658.0	1464.9	1679.1	104.6	4865.7	100.0%

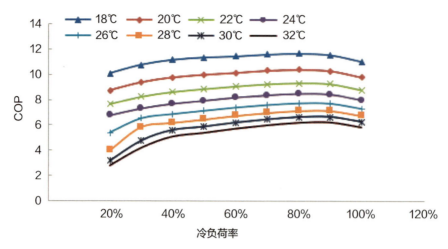

图 2.2-8　磁悬浮离心式冷水机组性能曲线

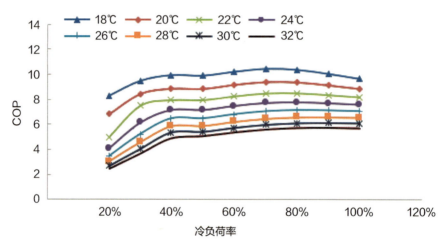

图 2.2-9　普通变频离心式冷水机组性能曲线

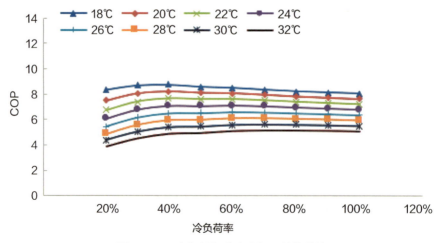

图 2.2-10　变频螺杆式冷水机组性能曲线

对主机选型分析如下：

1）冷水机组在 40%～80% 负荷率区间运行的时间占比超过 80%，在此区间内，磁悬浮离心机的 COP 值介于 5.1～11.7，普通变频离心机的 COP 值介于 4.7～9.7，而变频螺杆机的 COP 值介于 4.9～10.4。

2）冷水机组在大于 80% 负荷率区间运行的时间占比为 10.1%，在此区间内，磁悬浮离心机的 COP 值介于 5.8～11.6，普通变频离心机的 COP 值介于 5.7～10.1，变频螺杆机的 COP 值介于 5.4～8.6。

3）冷水机组在 30% 至 40% 负荷率区间运行的时间占比为 7.3%，在此区间内，磁悬浮离心机的 COP 值介于 4.2～11.2，普通变频离心机的 COP 值介于 3.7～10.0，变频螺杆机的 COP 值介于 4.8～9.2。

根据上述分析，对于配置 2 台冷水机组的标准站而言，考虑高效和稳定运行的需求，磁悬浮离心机无疑是最佳选择。

3. 水泵精细化选型

水泵的冷冻水量与冷却水量是依据设计工况下的冷量及温差进行计算的，而扬程的确定则基于管路的布局。若计算出的扬程超出了控制目标（具体数值参见表 2.2-2），则需通过优化管路设计、降低流速等方法，确保扬程参数符合节能限制要求。

在地铁项目空调系统中，常用的水泵类型主要是单级单吸泵。在选择水泵时，应确保其在部分负荷条件下仍能高效运行。

以典型的一次泵变流量冷冻水系统为例，如图 2.2-11 所示，S_1 代表设计负荷下的系统阻力特性曲线，阻抗最小；S_2 代表变流量下限时的系统阻力特性曲线，阻抗最大；n_1 为工频运行时的水泵特性曲线，而 n_2 为水泵在最低频率（通常为 30Hz）运行时的特性曲线；通过主机允许的最小流量确定最小工作点 B，并据此绘制出相应的系统特性曲线 S_2；S_2 与 n_1 的交点 C 为选型时的效率边界点，即水泵的运行区间应为图 2.2-11 中的蓝色区域。在选型过程中，最佳效率点 BEP 应位于 A 点和 C 点之间，以确保水泵在该区域运行时效率最高。

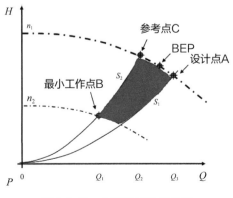

图 2.2-11　水泵运行性能曲线

通过上述分析可知，设计点并不必然是最高效率点。实际上，水泵的最高效率点 BEP 位于设计点的左侧，这在变流量运行时更有利于保持高效率。若水泵的 AC 两点均位于高效区间，则在全负荷变流量运行时，水泵亦能保持在高效区间内运行。

4. 冷却塔精细化选型

冷却塔选型需根据当地环境湿球温度，结合冷却塔的热工性能曲线进行校核，以确保实际出水温度满足要求。

在高效智能环控系统中，通常会根据 3℃ 的逼近度标准来选择冷却塔。选型过程中，冷却塔所需承担的热量应包括空调系统的冷负荷及其压缩机的耗电量。因此，冷却塔的水流量应适当放大。

此外，冷却塔的变频控制范围应设定在 25～50Hz，并以逼近度为控制目标，实现冷却塔的同频高效运行。同时还需综合考虑风机、电机的运转情况、综合布水系统与填料要求、接管形式及框架结构等技术要求，以确保冷却塔的高效换热性能。

2.2.4 环控系统传感器优化设计

在本项目标准站的环控系统中，传感器的精确布局对于实现系统的实时监控和优化控制至关重要。通过对水系统和风系统的关键参数进行监测，可以确保系统的高效运行和环境质量的持续优化。以下是对水系统和风系统传感器定位的详细总结：

1. 水系统传感器定位

水系统中，传感器的定位涵盖了从冷冻水供水和回水总管道到冷却塔进出水主管，以及关键设备进水主管等多个关键节点。温度传感器用于监测流体温度，而压力传感器则用于检测系统压力，确保流体输送的稳定性。热量表的设置则用于计量冷冻水的热能交换，为系统能效分析提供数据支持。

以本项目的标准站为例，环控水系统传感器定位如表 2.2-7 所示。

表 2.2-7 环控水系统传感器定位表

序号	种类	设备编号	位置
1	温度传感器	T-W1	冷冻水供水总管道
2		T-W2	冷冻水回水总管道
3		T-W3	冷却塔进水主管
4		T-W4	冷却塔出水主管
5		T-W5	KT-A1 进水主管
6		T-W6	KT-B1 进水主管
7		T-W7	K-B1 进水主管
8		T-W8	K-A1 进水主管
9		T-W9	K-A2 进水主管

续表

序号	种类	设备编号	位置
10	温度传感器	T-W10	K-A3 进水主管
11		T-W11	X-A1 进水主管
12		T-W12	风机盘管群
13	压力传感器	P-W1	冷冻供水总管
14		P-W2	冷冻回水总管
15		P-W3	近端不利点
16		P-W4	近端不利点
17		P-W5	远端不利点
18		P-W6	远端不利点
19		P-W7	远端不利点
20		P-W8	远端不利点
21	热量表	EM-W1	LS-1 冷冻水进水管道
22		EM-W2	LS-2 冷冻水进水管道
23		EM-W3	冷冻水供水主管道
24		EM-W4	冷却水供水主管道

2. 风系统传感器定位

风系统中，传感器的布局则侧重于监测室内空气环境，包括温湿度、CO_2 浓度以及 PM2.5 等关键指标，以确保乘客的舒适度和空气质量。风管温湿度传感器的设置则用于实时监测送风和回风的状态，室外气象仪则用于收集外部环境数据，为系统提供必要的参考信息。风系统传感器定位如表 2.2-8 所示。

表 2.2-8 站点 1 风系统传感器定位表

序号	种类	设备编号	位置
1	室内温湿度传感器	H-A1	站厅、站台
2		H-A2	
3		H-A3	
4		H-A4	
5		H-B1	
6		H-B2	
7		H-B3	
8		H-B4	
9	CO_2 浓度传感器	C-A1	站厅、站台
10		C-A2	

续表

序号	种类	设备编号	位置
11	CO_2 浓度传感器	C-A3	站厅、站台
12		C-A4	
13		C-B1	
14		C-B2	
15		C-B3	
16		C-B4	
17	PM2.5 传感器	PM-A1	站厅、站台
18		PM-A2	
19		PM-A3	
20		PM-A4	
21		PM-B1	
22		PM-B2	
23		PM-B3	
24		PM-B4	
25	风管温湿度传感器	H-（KT-A1）-1	KT-A1 送风总管
26		H-（KT-B1）-1	KT-B1 送风总管
27		H-（HPF-A1）-1	HPF-A1 回风总管
28		H-（HPF-B1）-1	HPF-B1 回风总管
29		H-（KT-A1）-2	混合风室侧墙
30		H-（KT-B1）-2	混合风室侧墙
31		H-（K-A1）-1	K-A1 送风总管
32		H-（P-A1）-1	P-A1 回风总管
33		H-（K-A2）-1	K-A2 送风总管
34		H-（P-A2）-1	P-A2 回风总管
35		H-（K-A3）-1	K-A3 送风总管
36		H-（P-A3）-1	P-A3 回风总管
37		H-（K-B1）-1	K-B1 送风总管
38		H-（P-B1）-1	P-B1 回风总管
39		H-（X-A1）-1	X-A1 送风总管
40	室外气象仪	H-1	A 端新风井
41		H-2	B 端新风井

2 高效智能环控系统的设计方案

通过这些精心设计的传感器布局,环控系统能够实现对环境参数的全面监控,为系统的智能化管理和优化提供坚实的数据基础。

2.2.5 环控高效机房 BIM 标准化设计

通过将工厂预制与现场快速组装相结合的方法,实现环控高效机房的 BIM 模型标准化设计,进而提高安装效率,并确保系统的高性能与高可靠性。

通过以下措施:标准化阀组安装,优化冷水机组接管及统一标高。

1. 阀组安装

1)阀组应标准化安装,要求主机电动阀以及旁通阀组安装在立管上,应当位于旁通管的侧后方。

2)此外,为了确保系统的正常运行和维护的便捷性,Y 型过滤器的检修旁通阀组也需要进行标准化的安装。具体的安装步骤和要求可以参考图 2.2-12,以确保所有操作高效,符合标准。

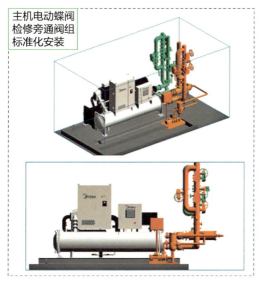

图 2.2-12 阀组标准化安装

2. 冷水机组接管

采用 BIM 模型的标准化设计后,见图 2.2-13,传统冷水机组所需的 2400mm 接管空间得以大幅缩减,仅需预留 800mm 即可。此外,电动阀和旁通阀组的立管安装以及旁通管的侧后方安装,进一步优化了空间利用,减少对通道的占用。

3. 统一标高要求

传统的冷水机房水管的标高参差不齐,导致了施工上的难题,并影响了整体的美观性。通过采用 BIM 模型进行标准化设计,见图 2.2-14,统一冷水机房内水管的标高，实现了整齐划一的布局，有效减少水管上下翻转的次数，从而提升了施工效率和美观度。

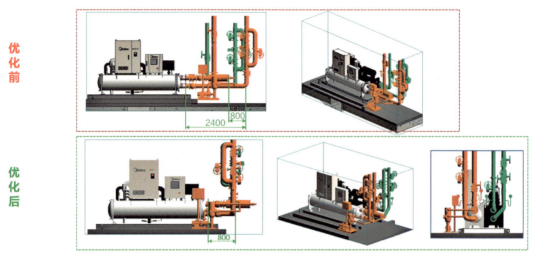

图 2.2-13 冷水机组标准化接管

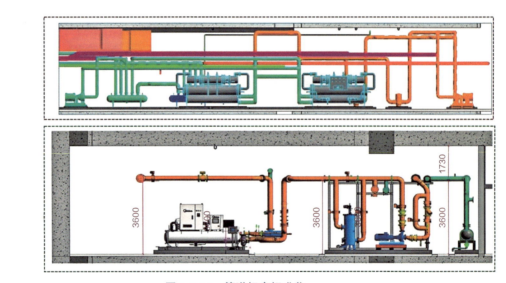

图 2.2-14 管道标高标准化

2.3 高效智能环控系统控制策略

高效智能环控系统是实现能源优化和环境控制的关键技术。其控制系统也更加复杂和高效，能够通过精细的控制策略和先进的算法，实现能源消耗的最小化和环境舒适度的最大化。

2 高效智能环控系统的设计方案

本节将详细介绍高效智能环控系统中的控制权限、控制模式以及各种设备的控制策略，旨在为读者提供一个全面的技术概览，以便更好地理解和应用高效智能环控系统。

2.3.1 控制权限

为了确保高效智能环控系统的有效运行，其控制权限被精细化划分为以下几个类别：就地/远程权限、手操箱就地权限、单控/模控权限以及智能环控/ISCS 权限。每种权限都有其特定的功能和应用场景。下文将详细介绍这些权限的特点及其在智能环控系统中的应用。

1. 就地/远程权限

冷冻水泵、冷却水泵、冷却塔、水系统电动蝶阀、组合式空调机组、新风机、回排风机、柜式风机盘管机组、风机盘管、回排风机，在控制柜柜门上均设有就地/远程切换旋钮，切换就地状态时，在柜门上通过启停按钮控制设备启停，在远程状态时，通过高效智能环控系统控制器内部逻辑实现远程控制。

2. 风阀权限

所有风阀均由智能低压提供配电及控制，风阀可以在低压柜上操作，也可以在 BAS 或 ISCS 上位机上操作。高效智能环控系统无风阀控制权限，风阀与风机之间的联锁通过智能环控与 BAS 之间的通信完成，高效智能环控系统在开启风机前需收到对应风阀开到位信号，方可开启风机。风机对应风阀开到位消失后风机会立即关机。高效智能环控系统检测到风路不通，也会关闭对应的风机。高效智能环控系统与 BAS 通信中断后，会默认关闭所有风机。

3. 单控/模控权限

高效智能环控系统在人机界面开放单控/模控权限选择，每个设备均配有独立的单控/模控权限选择按钮。

高效智能环控系统人机界面可切换单控/模控权限的设备包含：冷冻水泵、冷却水泵、冷却塔、水系统电动蝶阀、组合式空调机组、新风机、回排风机、柜式风机盘管机组、回排风机、风机盘管、二通调节阀等。

4. 智能环控/ISCS 权限

高效智能环控系统在人机界面开放智能环控/ISCS 权限选择。高效智能环控系统所有设备共用该权限选择。

权限选择在智能环控侧时，空调水系统一键启停、空调大系统设备、空调小系统设备的单控启停、模式控制等均由智能环控侧内部完成。

权限选择在 ISCS 侧时，空调水系统一键启停、空调大系统设备、空调小系统设备的模式控制均由 BAS 侧下发控制指令。空调大系统设备、空调小系统设备的单控启停均由 ISCS 侧下发控制指令。

高效智能环控系统在人机界面开放智能环控/ISCS权限选择。该系统的所有设备共享该权限选择。

当权限选择位于智能环控侧时，空调水系统一键启停、空调大系统设备、空调小系统设备的单控启停以及模式控制等操作，均由智能环控侧内部完成。

反之，若权限选择位于ISCS侧，则空调水系统的启动与停止以及空调大系统和小系统的模式控制将由楼宇自动化系统（BAS）发出控制指令。而空调大系统和小系统的单个设备的启动与停止控制指令则由ISCS侧发出。

2.3.2 控制模式

高效智能环控系统可实现的控制模式包含：就地启停、智能手操箱启停、智能环控云端上位机单控启停、智能环控上位机模式控制、ISCS单控启停、ISCS模式控制等。

1. 就地启停

就地启停即控制柜柜门上均通过启停按钮控制设备启停，属于单体设备点动控制。

可进行就地启停的设备主要包括：冷冻水泵、冷却水泵、冷却塔、水系统电动蝶阀、组合式空调机组、新风机、回排风机、柜式风机盘管机组、风机盘管。

2. 智能手操箱启停

智能手操箱启停即通过安装在环控机房的智能手操箱上的启停按钮控制设备启停，属于单体设备启动控制。

可进行智能手操箱启停的设备主要包括：组合式空调机组、新风机、回排风机、柜式风机盘管机组。

3. 智能环控云端上位机单控启停、ISCS单控启停

智能环控单控启停即高效智能环控系统部署在云端的上位机人机界面将某单体设备的单控/模控权限选择到单控状态时，可通过高效智能环控系统人机界面上的单控开、单控关来控制该设备的启停。

其上位机可单控的设备包含：冷水机组、冷冻水泵、冷却水泵、冷却塔、水系统电动蝶阀、组合式空调机组、新风机、回排风机、柜式风机盘管机组、回排风机、风机盘管、二通调节阀等。

当智能环控/ISCS权限选择到ISCS侧时，可通过ISCS人机界面上的单控开、单控关来控制该设备的启停。

1）冷水机组单控启停的逻辑联锁关系

主机单控启动具备联锁条件，必须在主机对应的冷冻侧和冷却侧蝶阀处于开到位状态，有一组冷却塔的进出水蝶阀处于开到位状态，对应的冷冻水泵和冷却水泵处于运行状态，主机才可以开启，否则主机则一直处于停机状态，见图2.3-1。

2 高效智能环控系统的设计方案

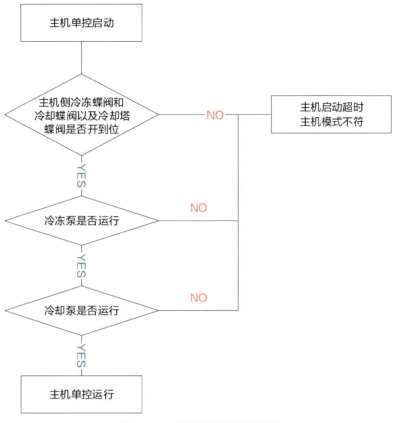

图 2.3-1　主机单控启动流程图

2）冷冻水泵、冷却水泵、小新风机单控逻辑联锁关系见图 2.3-2～图 2.3-4。

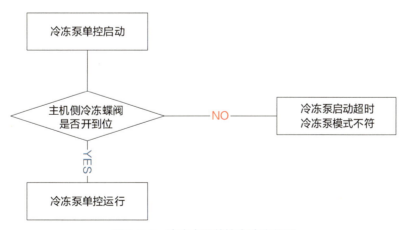

图 2.3-2　冷冻水泵单控启动流程图

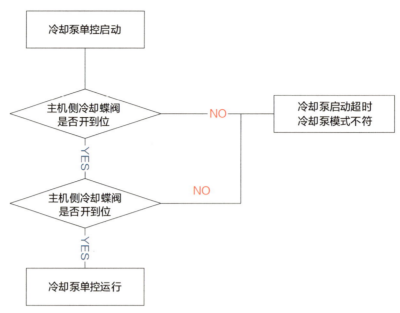

图 2.3-3　冷却水泵单控启动流程图

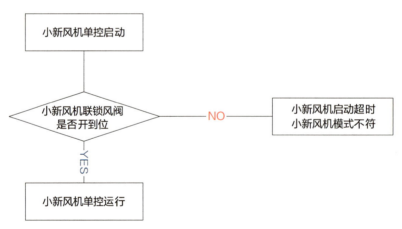

图 2.3-4　小新风机单控启动流程图

高效智能环控系统其他设备单控逻辑联锁关系基本与上述设备差别不大，在此不一一举例说明。

4. 高效智能环控系统模式控制、ISCS 模式控制

高效智能环控系统可以在人机界面对该系统实现模式控制。模式控制需下发该系统的模式号来实现。

能够实现模式控制的设备有：空调水系统（含冷水机组、冷冻水泵、冷却水泵、冷却塔、水系统电动蝶阀）、空调大系统含组合式空调机组、新风机、回排风机及参与智能环控控制的电动风阀（新、回、排风阀，联锁风阀）、空调小系统含柜式空调机组、回排风机及参与智能环控控制的电动风阀（新、回、排风阀，联锁风阀）。

1）空调水系统可下发模式号如图 2.3-5 所示。

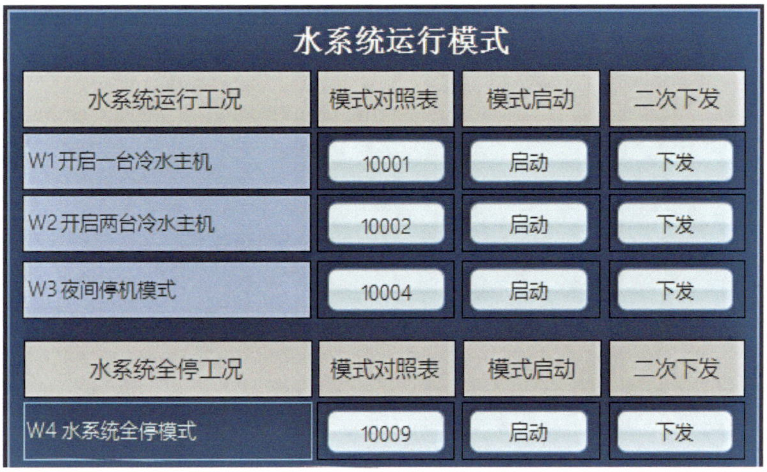

水系统运行模式

水系统运行工况	模式对照表	模式启动	二次下发
W1 开启一台冷水主机	10001	启动	下发
W2 开启两台冷水主机	10002	启动	下发
W3 夜间停机模式	10004	启动	下发
水系统全停工况	模式对照表	模式启动	二次下发
W4 水系统全停模式	10009	启动	下发

图 2.3-5　空调水系统运行模式

2）空调大系统可下发模式号如图 2.3-6 所示。

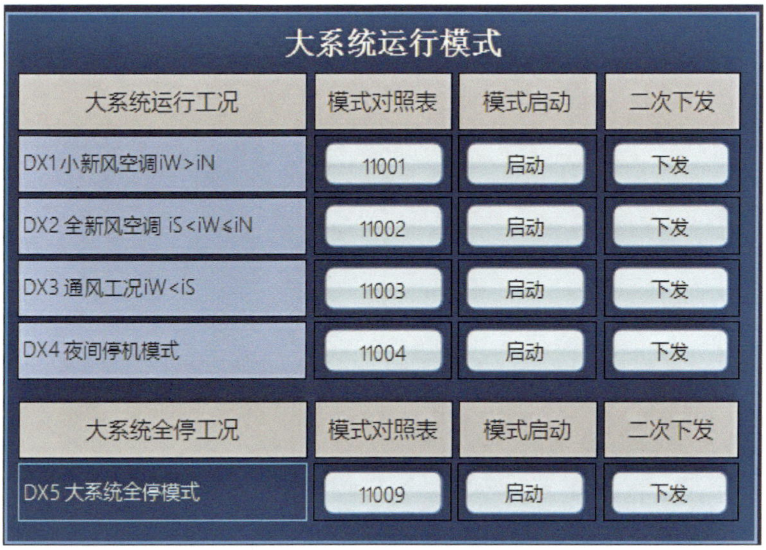

大系统运行模式

大系统运行工况	模式对照表	模式启动	二次下发
DX1 小新风空调 iW>iN	11001	启动	下发
DX2 全新风空调 iS<iW≤iN	11002	启动	下发
DX3 通风工况 iW<iS	11003	启动	下发
DX4 夜间停机模式	11004	启动	下发
大系统全停工况	模式对照表	模式启动	二次下发
DX5 大系统全停模式	11009	启动	下发

图 2.3-6　空调大系统运行模式

3）空调小系统可下发模式号如图 2.3-7 所示。

高效智能环控系统可以在人机界面展示系统模式执行对照表，见图 2.3-8。

高效智能环控系统与 BAS 之间采用通信对时，BAS 负责将时钟信号及对时脉冲信号发送到高效智能环控系统，由高效智能环控系统根据时钟信号及对时脉冲信号进行对时。以此来确保高效智能环控系统 PLC 时钟的准确性，其界面见图 2.3-9。

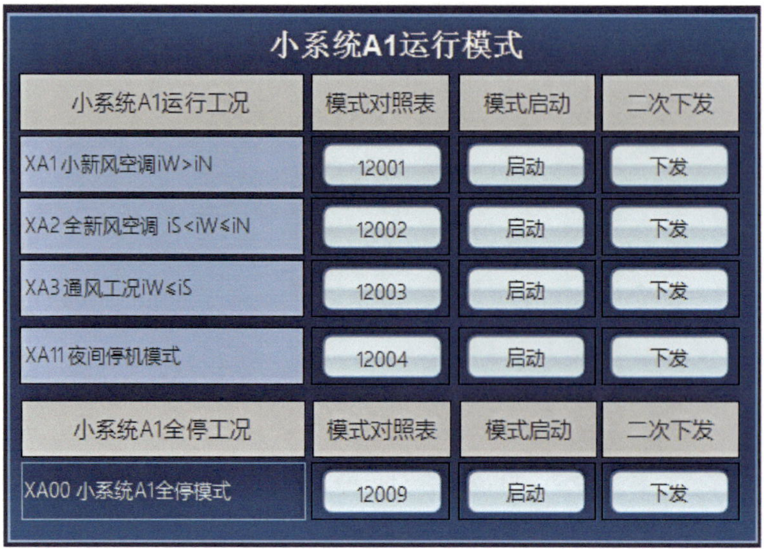

图 2.3-7　空调小系统运行模式

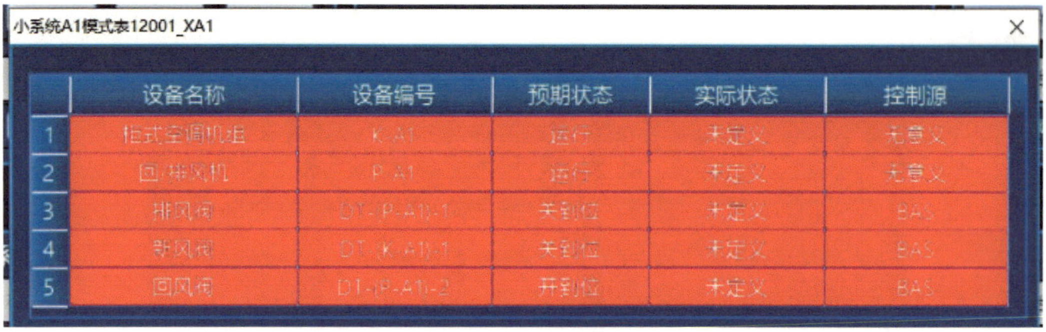

图 2.3-8　人机界面

图 2.3-9　PLC 时钟界面

5. 高效智能环控系统焓值自动控制

高效智能环控系统在人机界面将某系统所有单体设备的单控／模控权限选择到模控状态时，可以在人机界面对该系统实现模式控制。高效智能环控系统在人机界面开放焓值自动控制功能，空调大系统、空调小系统可选择焓值自动控制功能。

2 高效智能环控系统的设计方案

以空调大系统为例,空调大系统焓值自动控制策略(图 2.3-10)如下:

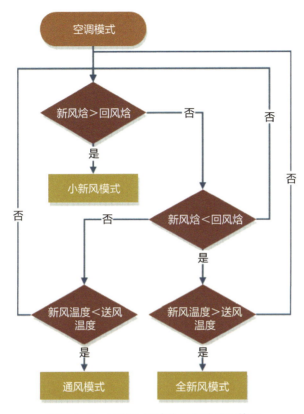

图 2.3-10 空调大系统焓值自动控制策略

(1)空调大系统(A端和B端)的控制模式由节能模块根据室外气象监测站参数判断。

(2)大系统三种工作模式的切换由节能系统根据室外新风温湿度采集的数据自动完成,模式的切换逻辑如下:

① 系统存储之前一天的室外焓值及温度,并实时采集当天的焓值及温度,节能模块根据存储的历史数据与当前采集的数据进行分析,并预测当天的焓值及温度变化趋势,根据室外平均焓值及温度与系统回风焓值对比来判断当前是否需要切换控制模式。

② 如果当天的室外平均焓值高于回风焓值则进入小新风模式。

如果当天的室外平均焓值低于回风焓值,且室外平均温度高于系统送风温度设定点,则进入全新风模式。

③ 如果当天的室外平均焓值低于回风焓值,且室外平均温度低于系统送风温度设定点,则进入通风模式。

高效智能环控系统提供对冷冻机房设备的变频控制,包括大系统中小新风机、回排风机、送风机的变频控制,以及大系统与小系统表冷阀的控制。大系统中风机与风阀之间的联锁功能由高效智能环控系统内部通过硬接线实现,确保风阀完全开启后,节能模块才能启动大系统风机。

该系统依据室外焓值与大系统回风焓值，判断并选择适宜的运行模式，包括小新风模式、全新风模式或通风模式。

高效智能环控系统与 BAS 通过通信协议建立连接，并通过 BAS 与火灾监控系统实现联动。车站大系统及小系统的火灾信号由 BAS 通过通信协议传递至智能环控系统。在接收到火灾信号后，智能环控系统将对火灾信号进行最高优先级处理，迅速将相关设备调整至火灾应急状态，并将执行情况反馈给 BAS。

2.3.3 水系统一键开关机控制

高效的智能环境控制系统与综合监控系统（ISCS）的通信点表中预留了冷冻机房的一键开关机控制点位。当智能环境控制系统的权限切换至 ISCS 时，ISCS 能够通过发送一键启动或一键停止的指令来控制整个水系统的设备启停。

对于配置了两台冷水机组的站点，当智能环境控制系统接收到水系统的一键启动指令时，系统首先会检查各设备的累计运行时间。系统默认的策略是优先启动运行时间较短的冷水机组及其对应的冷却塔，以及与机组和冷却塔相关的蝶阀。

具体开机启停顺序及设备启停原则如下：

（1）当高效智能环控系统接收到水系统的一键启动指令后，系统会自动评估当前 1 号或 2 号冷水机组是否满足启动条件，并选择其中一台准备就绪的机组进行启动。若两台机组均满足启动条件，系统将优先选择累计运行时间较短的机组。随后，系统会打开选定机组的蒸发器和冷凝器侧电动蝶阀，再启动相应的冷冻水泵与冷却水泵。

（2）当冷冻水蝶阀和冷却水蝶阀开到位，冷冻水泵和冷却水泵均处于运行状态时系统便会向冷水机组发送开机信号。冷水机组在接收到开机信号并满足所有启动条件后，其压缩机将开始运行。

（3）冷水机组启动后，高效智能环控系统将依据冷冻水供回水温度及压力，冷却水供回水温度，以及室外温湿度传感器等参数，自动进行程序判断并运行。系统还会自动调节机组及冷却塔风机的负载，以实现设备自动加减载功能。

（4）在启动过程中，若系统检测到冷水机组、冷却水泵、冷冻水泵、冷却塔或相应蝶阀等整套系统出现故障，将自动发出故障停机信号，并在短时间内关闭相关阀门，停止运行中的设备。若启动失败的机组对应的设备已停止，系统将自动启动另一台机组，并按照相同的顺序执行动作。

（5）在机组运行期间，若一台冷水机组（例如 1 号冷水机组）发生故障，系统将自动停机故障机组，并启动另一台机组。同时，系统会在上位机上显示故障信息，以便维护人员能够快速判断故障并进行系统维护。

冷水机组开机流程见图 2.3-11。

2 高效智能环控系统的设计方案

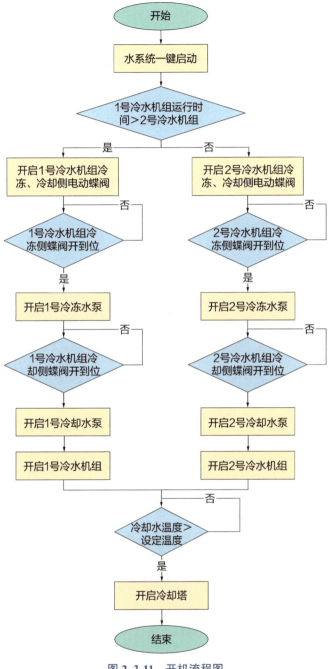

图 2.3-11 开机流程图

（6）高效智能环控系统收到来自 ISCS 下发的水系统一键停止信号后，系统先关闭冷水机组，然后延时关闭冷却塔风机；再延时关闭冷却水泵及相对应的冷却水泵蝶阀；延时关闭冷冻水泵及对应的冷冻水泵蝶阀。

在整个关机过程中，系统会向每个设备发送关机指令，以确保所有设备均能安全停止运行。冷水机组关机流程见图 2.3-12。

047

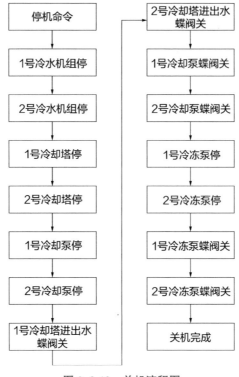

图 2.3-12　关机流程图

2.3.4　冷冻水变频控制

在水泵变流量系统中，控制策略扮演着至关重要的角色，其成功实施直接决定了节能效果的优劣。

末端系统通过自动调节末端二通阀的开度来改变流经末端设备的冷冻水流量，以适应用户空调负荷的变化，进而引起末端及总管路上冷冻水供回水压差的变动。风水节能控制系统依据负荷变化及冷冻水供回水压差的调整，通过变频技术调节冷冻水泵的转速，确保系统循环水量维持在刚好满足当前负荷需求的水平，同时保证冷冻水供回水足够的循环压差（确保供回水压差的设定值满足管路上末端"最不利点"的需求），以此实现系统的节能目标。

在本系统中，冷冻水泵采用的是变频变流量控制技术。

1. 冷冻水变频控制方式

系统中冷冻水泵每台均配置变频器，同时变频调速。采用定温差控制策略及最小压差保护控制策略相结合的控制方式。

（1）通过安装在冷冻水供回水管道上的温度传感器，测量出管道实际的水温，算出两者之间的温差，与设定温差比较，采用 PID 运算策略，调节冷冻水泵频率（转速）满足系统所需温差，如图 2.3-13 所示。

2 高效智能环控系统的设计方案

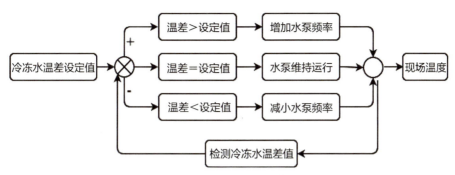

图 2.3-13 变频控制温差调节流程图

（2）通过安装在冷冻水供回水管道上的压力传感器，测量出管道实际的压力，算出两者之间的压差，与设定压差值（以样板站为例，默认设定 0.2bar，后期现场调试时根据实际情况可做修改）比较，当实际压差低于设定压差，通过 PID 运算，调节冷冻水泵频率。当实际压差高于设定压差，则按照策略 a 根据温差调节冷冻水泵频率。其调节流程如图 2.3-14 所示。

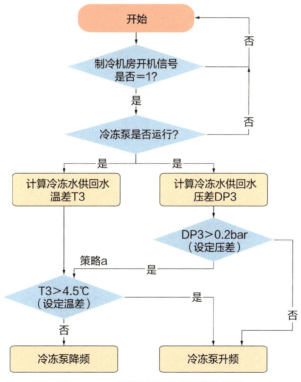

图 2.3-14 变频控制压差调节流程图

2.3.5 冷却水变频控制

高效智能环控系统根据机组冷却水进出水温度传感器测量出管道实际的水温，算出两者之间的温差，与设定温差比较，采用 PID 运算策略，调节冷却水泵频率（转速）满足系统所需温差，通过冷却水供回水温差控制冷却水泵频率。当冷却水供回水温差＞设定温差时，冷却水泵升高频率，当冷却水供回水温差＜设定温差时，冷却水泵降低频率。其变频控制温差调节流程如图 2.3-15 所示。

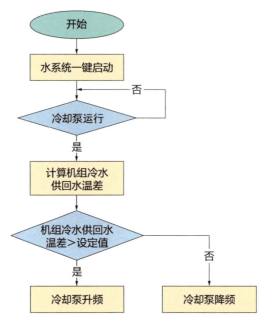

图 2.3-15　冷却水泵变频控制温差调节流程图

高效智能环控系统依据冷水机组在部分负荷特性曲线数据，主动优化冷却水泵的控制策略，旨在确保制冷机房的性能系数（COP）在当前工况下达到最高水平。

冷水机组在高负荷及满负荷时冷冻水流量对冷水机组及冷冻机房 COP 影响较大，在低负荷时冷冻水流量对冷水机组及冷冻机房 COP 影响相对较小，高效智能环控系统实时计算冷却水泵对冷水机组及冷冻机房 COP 的影响因子大小，并根据因子大小调整不同的冷却水供回水温差设定值。

高负荷和满负荷状态运行时，提供较高的冷却水流量，保证主机的冷却水流量充足，尽量降低冷水机组冷却水出水温度，从而降低机组冷凝压力，提高冷水机组的 COP。

2.3.6　压差旁通阀控制策略

1. 压差旁通阀作用

压差旁通阀是用集水器与分水器之间的主管道上的，其原理是通过压差控制器感测集水器与分水器两端水压力，然后根据测试到的压力计算出差值，再由压差控制器根据计算出的差值与预先设定值进行比较决定输出方式，以控制阀门增加开度或减少开度，从而来调节水量，以达到平衡主机系统的水压力的目的。

2. 压差旁通阀控制方式

压差旁通阀在自动模式时根据冷冻水供回水压差自动调节阀门开度，控制流程如图 2.3-16 所示。

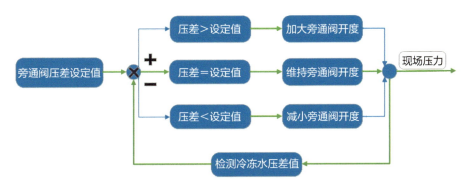

图 2.3-16 压差旁通阀控制流程图

（1）当冷冻水供回水压差值大于旁通阀压差设定值时，通过 PID 调节，加大压差旁通阀的开度，减小供回水压差值。

（2）当冷冻水供回水压差值等于旁通阀压差设定值时，通过 PID 调节，维持压差旁通阀的开度，保持供回水压差值。

（3）当冷冻水供回水压差值小于旁通阀压差设定值时，通过 PID 调节，减小压差旁通阀的开度，增大供回水压差值。

3. 压差旁通阀调节与冷冻水泵调节的优先次序

压差旁通阀调节与冷冻水泵调节的优先次序：冷冻水供回水压差低于设定值时，优先关小压差旁通阀，然后再升高冷冻水泵频率。冷冻水供回水压差高于设定值时，优先降低冷冻水泵频率，然后开大压差旁通阀。

2.3.7 冷却塔风机控制策略

对于冷水机组而言，如图 2.3-17 所示，冷却水进水温度每下降 1℃，冷水机组的 COP 可以提高 3%。针对冷水机组的这种特性，我们对冷却塔控制策略进行如下优化：

（1）智能环控控制系统典型站配置两组冷却塔，每组冷却塔配置一台或两台冷却风机，冷却塔风机变频运行。

（2）冷却塔的风机在运行时根据系统的冷却水回水温度设定值自动加减载。冷却水回水温度设定有以下两种模式：

① 主动寻优禁用状态，直接手动设定冷却水回水温度，默认值 28℃。

② 主动寻优启用状态，自动设定冷却水回水温度，系统会根据室外温湿度计算当前的湿球温度，并考虑偏差自动调整冷却水回水温度设定值。

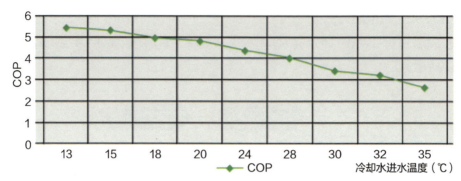

图 2.3-17　冷却水温度变化对机组的影响示意图

每次启动时首先启动 2 台冷却塔中停机时间最长的那台风机；停止时首先停止运行时间最长的那台风机。

当冷却塔湿球温度逼近度大于设定值时，冷却塔频率升高，当冷却塔湿球温度逼近度小于设定值时，冷却塔频率降低。其变频控制调节流程如图 2.3-18 所示。

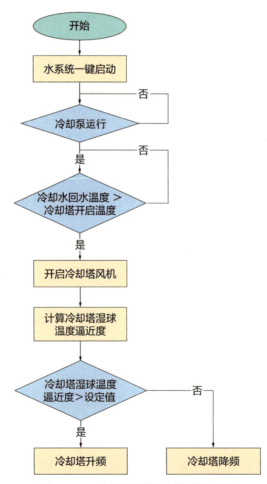

图 2.3-18　冷却塔变频控制调节流程图

在自动模式下，该控制策略可以在确保冷水机组正常开机的前提下将冷却水进水温度降到室外湿球温度附近，有效提高了冷水机组的 COP 值，提高了冷水机组房的运行效率。

2.3.8 冷水机组控制策略

1. 冷水机组自动加减载

高效智能环控系统根据系统中所有机组的运行情况，考虑温度与机组负载，实现对 2 台冷水机组的自动加减载控制，并在单台机组出现故障时，自动切换备用无故障机组。

典型冷水机组效率随部分负荷率的变化曲线如图 2.3-19 所示。

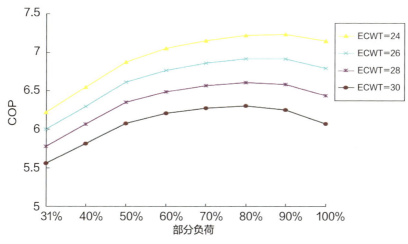

图 2.3-19 典型冷水机组效率变化曲线图

由图 2.3-19 可以看出，在冷冻水定工况时：

（1）冷却水温度越高，机组 COP 值越低。

（2）冷却水定工况时，机组在 70%～100% 的负荷率较高，冷水机组负荷率低于 70% 时，COP 下降非常明显。

（3）冷却水定工况时，机组的 COP 随机组负荷率的变化存在拐点。

对此，我们对冷水机组采取以下的控制策略：

① 收到智能环控控制系统开机信号时，通过对冷水机运行时长的判断，先启动运行时间较短的一台机组。

② 第一台机组正常运行后延时一段时间，检测冷水机组当前容量百分比，如果当前负荷率百分比＞加机设定值，并且冷冻水总管供水温度超过设定值并且持续 20min（可调），则启动另一台冷水机组。

③ 两台冷水机组同时运行时，延时一段时间，检测两台冷水机组当前容量百分比，如果两台冷水机组平均负荷率百分比＜减机设定值，并且持续 10min（可调），则将冷水机组数量减 1。

④ 当冷水机组数量减载到 1 台时就不再减机。

冷水机组加减机控制流程如图 2.3-20 所示。

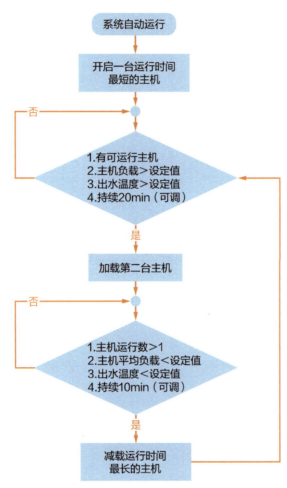

图 2.3-20　冷水机组加减机控制流程图

2. 冷水机组出水温度智能重置

在相同工况下，冷冻水出水温度每提高 1℃，机组可节能约 3%，其 COP 在不同供水温度下的变化如图 2.3-21 所示。

冷水机组出水温度智能重置功能在主动寻优功能启用时生效，在主动寻优功能禁用状态时，用户可以在上位机直接设定冷水机组出水温度。

主动寻优功能启用时系统根据室外温湿度智能重置 2 台冷水机组出水温度。设定逻辑如下：

（1）根据室外温度动态调整冷水机组出水温度。

（2）根据末端冷负荷动态调整冷水机组出水温度。

（3）根据主动寻优控制逻辑动态调整冷水机组出水温度。

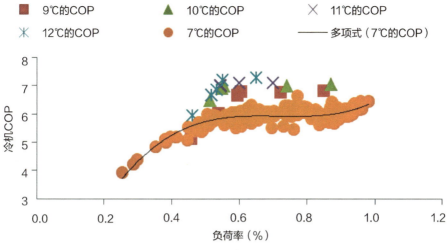

图 2.3-21　不同供水温度下冷水机组 COP 变化曲线图

2.3.9　冷冻机房主动寻优控制

传统方案将所有地铁车站通风空调系统设备、传感器等均纳入 BAS 系统监控。BAS 系统供货商依托车站环控专业设计提供的环控工艺控制图，进行程序的编写和模式判定的执行。然而，传统方案仅能实现基础的工艺控制，例如设备的启停控制与联锁保护。在冷水主机、冷冻水泵、冷却水泵、冷却塔的调节控制上，往往采取独立控制的方式，而未充分考虑冷水机组在部分负荷下的性能，因此与高效节能运行的目标尚存差距。

地铁通风空调系统由空调风系统和空调水系统组成。这两个系统中的设备相互影响、相互耦合。空调风系统与空调水系统均存在显著的波动性、时滞性以及多因素相互制约的问题。传统控制方案并未着重解决这些复杂问题，而局限于对各个设备采用简单的独立控制，并将其组合成一套系统。这种做法仅限于对单体设备控制的优化，而忽略了风系统与水系统之间的相互作用，导致冷冻水泵、冷却水泵、冷却塔风机的控制策略仅关注设备本身的节能，忽略了对冷水机组能效的潜在负面影响，缺乏对系统整体能效的优化控制。

高效智能环控系统针对地铁内空调系统的各个单体设备，采用整体分析方法，以提升空调系统整体运行能效为宗旨，设计了主动寻优策略来控制各个单体设备。这种方法有效避免了设备间控制效果的相互抵消，充分发挥了每种设备的节能潜力，在满足地铁空调环境指标的同时，有效提升了地铁空调系统的整体运行能效。

针对地铁空调长期在部分负荷状态下运行的特点，高效机房节能控制系统通过控制冷水机组的输出冷量及开启数量来提高冷水机组的负荷率，并通过主动寻优控制策略优化冷却水泵和冷却塔风机的运行，确保冷水机组在 COP（性能系数）高效区间内运行。

该系统根据末端负荷的变化情况调整冷水机组的负荷率,以变频直驱离心机的出厂COP特性曲线为基础,实时调整冷水机组的控制策略,尽量避开COP低效区间。高效机房节能系统管理平台能够实时记录每台冷水机组的COP、冷冻水工况、冷却水工况,并形成三维曲面图,根据长期数据积累主动优化节能控制系统的控制算法,调整冷冻水和冷却水侧工况,确保冷水机组的COP在高效区。

高效智能环控系统实时计算全站大系统空调及小系统空调当前输出冷量及冷量变化趋势,根据数学模型预测车站负荷变化趋势,并根据计算结果实时调整冷冻水泵频率及冷水机组负荷率、出水温度等参数,提前将制冷机房设备调整到最优工况下运行。

其主动寻优控制流程图如图2.3-22所示。

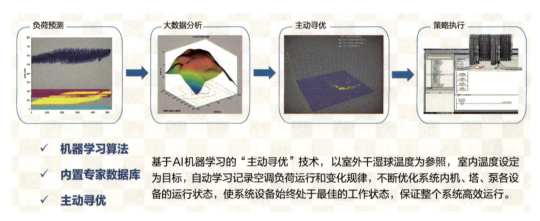

图2.3-22 机房主动寻优控制流程图

2.3.10 空调大系统控制策略

1. 大系统空调箱送风机频率控制策略

大系统空调箱送风机频率根据回风温度调节,大系统二通阀根据空调箱送风温度调节,其控制逻辑流程如图2.3-23所示。变风量与变水量采用两个互相独立的闭环调节系统调节,并且采用两支不同的传感器,以消除系统扰动。

智能环境控制系统依据室外焓值及末端负荷预测模型,动态调整系统回风温度设定值与送风温度设定值,以确保系统输出的冷量与末端需求相适应。

(1)在全新风模式下,大系统空调机组于早晨开启并持续至夜晚关闭,而小系统空调机组则持续运行24h。在该模式下,大系统空调机组的风机频率调节范围设定为28～50Hz,其频率根据车站平均温度进行调整。同时,大系统二通水阀根据空调送风温度进行调节,节能系统则依据室外焓值及末端负荷预测模型,动态调整系统回风温度设定值与送风温度设定值,以确保系统输出的冷量与末端需求相适应。

2 高效智能环控系统的设计方案

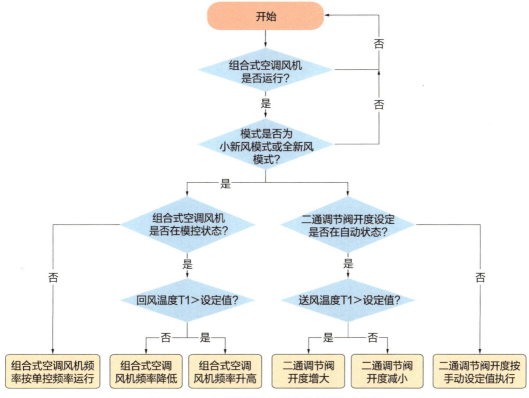

图 2.3-23　大系统送风机频率控制逻辑流程图

（2）在通风模式下，节能控制系统根据以下规则调节主系统空调机组的频率（变频变风量）：

① 当室外温度低于设定值 T_0 时，大系统将进入全通风模式。

② 若室外温度介于12℃至 T_0，组合式空气处理设备将根据控制室内温度（25℃）调节变频运行，变风量下限设定为风机运行频率30Hz，并利用站厅、站台 CO_2 浓度做保护。

③ 若室外温度低于12℃，组合式空气处理设备将按照控制风机电机频率不低于30Hz 以及确保室内外温差不小于13℃所需的最大风量（组合式空气处理设备风量37524m^3/h）进行定频运行，并利用站厅、站台 CO_2 浓度做保护。

（3）在小新风模式与全新风模式下，送风温度作为反馈控制表冷阀的开度，而在通风模式下表冷阀则完全关闭。只有当大系统及所有小系统均处于通风模式时，系统才会完全关闭冷冻站。若至少有一半的辅助系统处于全新风或小新风模式，或者主系统处于全新风或小新风模式，系统将根据阀门开度推算末端冷量需求百分比，若该百分比大于最低需求，则应开启冷冻站。

2. 小新风机频率控制逻辑

高效智能环控系统依据地铁站厅站台层的 CO_2 浓度检测传感器所提供的数据，收集公共区的二氧化碳传感器数值。然后，系统将排除那些出现故障的传感器，随后采用冒泡排序算法，剔除数值中的最大值和最小值。在处理完这些数据后，系统将计算剩余数值的平均值，并依据该平均 CO_2 浓度来调节新风机的运行频率。

3. 回排风机频率控制逻辑

节能控制系统按以下规则进行送回风机的频率控制（变频变风量）。

回排风机的频率 f_2 根据组合式空调箱的风机频率计算得到。为保证新风能够进入混风室，营造一定的负压环境，计算公式如下：

$$f_2 = \frac{\dfrac{Q_1}{50} \times f_1 - \dfrac{Q_3}{50} \times f_3}{\dfrac{Q_2}{50}} \quad (2.3\text{-}1)$$

式中　f_1——组合式空调箱风机频率（Hz）；

　　　f_2——回排风机频率（Hz）；

　　　f_3——小新风机频率（Hz）；

　　　Q_1——组合式空调箱额定（工频）风量（m³/h）；

　　　Q_2——回排风机额定（工频）风量（m³/h）；

　　　Q_3——小新风机的额定（工频）风量（m³/h）。

具体风量以工点设计提供数据为准。

回排风机开启后风机频率由30Hz往上调节。

2.3.11　小系统空调控制策略

高效智能环控系统依据小系统空调的送风温度来调整二通阀的开度，并根据回风温度控制空调送风机的运行频率。

当送风温度超出预设值时，系统将增大二通阀的开度；反之，若送风温度低于预设值，则减小二通阀的开度。当回风温度高于设定值，系统会提升空调送风机的运行频率；若回风温度低于设定值，则降低其运行频率。智能环控控制系统按以下规则进行送回风机的频率控制（变频变风量），如图2.3-24所示。

智能环控控制系统根据室外焓值大小和负荷预测模型动态调整小系统送风温度设定值，确保小系统的输出冷量与末端需求相匹配。

回排风机的频率 f_2 则根据组合式空调箱的风机频率计算得到。计算公式如下：

$$f_2 = \frac{\dfrac{Q_1}{50} \times f_1 - Q_3}{\dfrac{Q_2}{50}} \quad (2.3\text{-}2)$$

式中 f_1——为组合式空调箱风机频率（Hz）；

f_2——回排风机频率（Hz）；

Q_1——柜式空调箱额定（工频）风量（m³/h）；

Q_2——回排风机额定（工频）风量（m³/h）；

Q_3——最小新风量（m³/h）。

具体风量以工点设计提供数据为准。

回排风机开启后风机频率由 30Hz 往上调节。

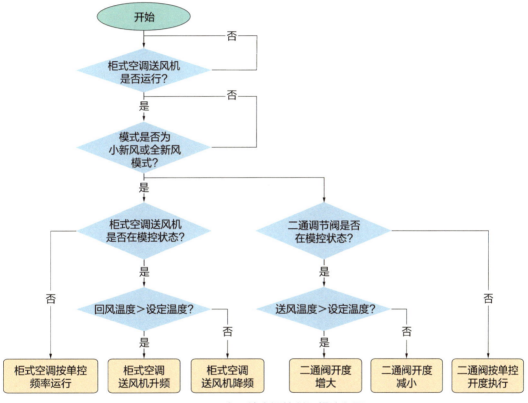

图 2.3-24　小系统空调控制逻辑流程图

2.3.12　出入口通道风机盘管控制策略

出入口通道的风机盘管与大系统空调机组同步开启与关闭。位于出入口通道风机盘管前的二通调节阀，其开度由安装在出入口通道附近的温湿度传感器进行控制。当出入口通道附近的温度超过预设值时，二通调节阀的开度将相应增大；反之，若温度低于预设值，则二通调节阀的开度将减小。

2.3.13 能源监测、能效监测

高效智能环控系统通过系统提供的智能电表、水温传感器、电磁流量计等设备实现对制冷机房系统的相关机电设备监测、控制、测量、评价等功能。

高效智能环控系统采集制冷机房中各冷水机组冷冻水出水温度、各冷水机组冷冻水进水温度,以及来自空调水系统流量采集模块的制冷机房中各冷水机组的冷冻水流量值,按公式计算各冷水机组的输出冷量:

$$Q_e = C_p \rho G_1 (T_{1in} - T_{1out}) \quad (2.3\text{-}3)$$

式中 Q_e——各冷水机组的输出冷量(W);

C_p——水的比热容(J/kg·K);

ρ——表示水的密度(kg/m³);

G_1——表示冷水机组冷冻水流量(kg/s);

T_{1in}——冷水机组冷冻水进水温度(℃);

T_{1out}——冷水机组冷冻水出水温度(℃)。

并按如下公式计算各冷水机组的冷凝器输出热量:

$$Q_c = C_p \rho G_2 (T_{2out} - T_{2in}) \quad (2.3\text{-}4)$$

式中 Q_c——各冷水机组的冷凝器输出热量(W);

C_p——水的比热容(J/kg·K);

ρ——水的密度(kg/m³);

G_2——表示冷水机组冷却水流量(kg/s);

T_{2in}——表示冷水机组冷却水进水温度(℃);

T_{2out}——表示冷水机组冷却水出水温度(℃)。

按如下公式分别计算获得各冷水机组的热平衡系数($MEBC_1$、$MEBC_2$):

$$MEBC_1 = \frac{Q_{c1} - (Q_{e1} + W_1)}{Q_{c1}} \cdot 100\% \quad (2.3\text{-}5)$$

$$MEBC_2 = \frac{Q_{c2} - (Q_{e2} + W_2)}{Q_{c2}} \cdot 100\% \quad (2.3\text{-}6)$$

$$MEBC = \frac{Q_{c1} + Q_{c2} - (Q_{e1} + W_1) - (Q_{e2} + W_2)}{Q_{c1} + Q_{c2}} \cdot 100\% \quad (2.3\text{-}7)$$

式中 $MEBC_1$——1号冷水机组热平衡系数;

$MEBC_2$——2号冷水机组热平衡系数;

$MEBC$——制冷机房热平衡系数;

Q_{c1}——1号冷水机组的输出冷量(W);

Q_{c2}——2号冷水机组的输出冷量(W);

Q_{e1}——1号冷水机组的冷凝器输出热量（W）；

Q_{e2}——表示2号冷水机组的冷凝器输出热量（W）；

W_1——1号冷水机组的瞬时功率（W）；

W_2——2号冷水机组的瞬时功率（W）。

进一步基于两台冷水机组，控制器针对来自智能电表采集模块的各冷水机组功率、各空调冷冻水泵功率、各空调冷却水泵功率、各冷却塔风机功率，结合各冷水机组的输出冷量，按下式计算获得制冷机房瞬时COP：

$$\mathrm{COP} = \frac{Q_1 + Q_2}{P_1 + P_2 + P_3 + P_4 + P_5 + P_6 + P_7 + P_8} \quad (2.3\text{-}8)$$

式中　Q_1——1号冷水机组的输出冷量（W）；

Q_2——2号冷水机组的输出冷量（W）；

P_1——1号冷水机组功率（W）；

P_2——2号冷水机组功率（W）；

P_3——1号空调冷冻水泵功率（W）；

P_4——2号空调冷冻水泵功率（W）；

P_5——1号空调冷却水泵功率（W）；

P_6——2号空调冷却水泵功率（W）；

P_7——1号冷却塔功率（W）；

P_8——2号冷却塔功率（W）。

同时按如下公式计算获得1号冷水机组瞬时COP和2号冷水机组瞬时COP：

$$\mathrm{COP}_1 = Q_1/P_1 \quad (2.3\text{-}9)$$

$$\mathrm{COP}_2 = Q_2/P_2 \quad (2.3\text{-}10)$$

式中　Q_1——1号冷水机组的输出冷量（W）；

Q_2——2号冷水机组的输出冷量（W）；

P_1——1号冷水机组功率（W）；

P_2——2号冷水机组功率（W）。

2.4　设计接口与专业分工

综合监控系统简称ISCS系统，是应用智能化技术对地铁等轨道交通线路及复杂路网，在运营和应急状态下，实现对各子系统设备进行数据采集、监控、报警、联动、决策指挥的大型一体化新型智能系统。综合监控系统（ISCS）由控制中心CISCS、各车站级SISCS、车辆段ISCS、停车场DISCS、网络管理系统（NMS）、培训管理系统（TMS）、维护管理系统（MMS）等组成。

环境与设备监控系统简称 BAS，是为地铁全线各车站、场段、隧道区间相关机电设备监控而设的自动监控系统。被监控的设备主要包括隧道通风系统设备、车站 / 场段通风空调大系统、通风空调小系统、空调水系统设备、给水排水设备、自动扶梯、电梯、卷帘门、照明系统（含智能照明系统）、应急照明电源、区间给水排水等设备的运行状态和系统参数以及车站公共区和设备房环境温湿度的参数等。

深圳地铁以往线路采用 BAS 实现环境控制与能源管理。但是 BAS 是一个更广泛的集成平台，不仅包括环境控制、能源管理，还包括安全管理等多个方面。而高效智能环控系统则专注于利用先进的技术，如传感器、控制器、执行器和网络通信技术，实现对环境参数的精确控制和优化。

高效智能环控系统从 BAS 中独立出来，以实现更专业和灵活的环境控制解决方案。这种独立可以使得高效智能环控系统更加专注于环境控制的特定需求，如在地铁环控系统中的应用，它需要满足地铁运营中对空气质量和乘客舒适度的高要求。此外，高效智能环控系统可以集成更专业的算法和控制策略，以适应复杂或特殊的环境控制需求。

智能环控控制系统主要由配电部分和控制系统组成，负责整个车站空调系统的节能运行，包含空调水系统、空调大系统、空调小系统的设备、管路、配电及智能监控系统。因此，将原空调系统节能运行从传统的 BAS 转变为智能环控控制系统，这个转变牵涉到大量的接口调整工作。这些接口的调整具有高度的复杂性，因此需要详尽的规划与周密的执行，以保障系统能够顺利过渡并维持其高效性能。这不仅要求技术上的精确性，还需要对既有系统有透彻的理解，以及对新系统的各项功能与特性有全面的掌握，以实现两者之间的无缝对接与融合。

这一转变是技术进步的体现，也是我们不断提升系统性能，优化管理流程，提高建筑能效，创造更舒适、更智能的工作和生活环境的必然选择。

IECS（高效智能环控系统）采用以太网环网架构，直接通过工业以太网与车站汇聚网交换机相连，进而接入 ISCS。该系统采用独立的环网网络架构，具备卓越的抗干扰能力，其信号沿环单向传输的特性确保了传输时延的恒定，各节点负载分布均衡。此外，该系统还具备自愈功能，支持动态路由，路径选择简便，有效避免了地址冲突的问题。

在车站层面，IECS 设置了瘦客户机，而数据库及监控平台则部署于云端服务器。通过瘦客户机，各站能够直接访问并监控各站智能环控设备的运行状态。

在系统对接方面，IECS 作为系统级与 BAS 实现对接。在水系统控制上，IECS 仅接受 BAS 的系统级启停指令，不涉及 BAS 对水系统设备的单点控制。而对于大小系统，IECS 则既能够接收 BAS 的系统级启停指令，也支持 BAS 对大小系统设备的单点控制。

高效智能环控系统作为通风空调系统智能化管理的重要组成部分，其内部接口及专

2 高效智能环控系统的设计方案

业接口丰富多样，具有极高的灵活性和兼容性。为解决高效智能环控系统与消防、空调等控制界面划分，线缆施工界面划分，整理了 13 个高效智能环控系统接口文件（图 2.4-1），下面将对高效智能环控系统的各类接口进行详细阐述。

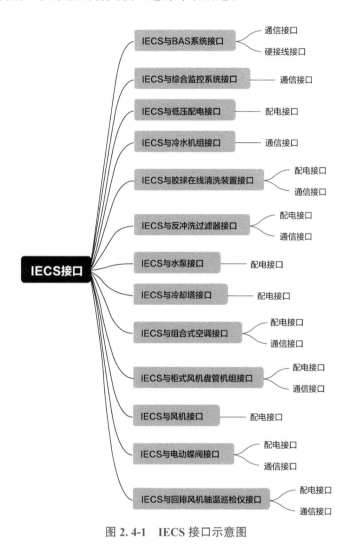

图 2.4-1　IECS 接口示意图

2.4.1　与 BAS 接口

1. 接口界面

智能环控控制系统与 BAS 的接口设置于 BAS 控制柜的硬线接线端子上。接口类型为通信接口。通过该接口，智能环境控制系统与 BAS 建立连接，以实现 BAS 对智能环控控制系统运行状态的监控，并负责将设备状态数据上传至 BAS 系统。此外，BAS 还具备对智能环控控制系统远程操作的能力。

通信接口示意图参考图 2.4-2 所示：

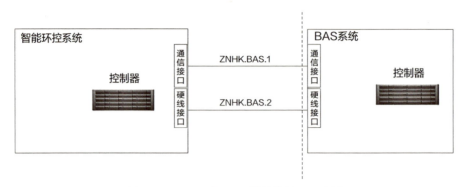

图 2.4-2 IECS 与 BAS 的通信接口示意图

2. 物理接口

智能环控控制系统与 BAS 采用 RS485 通信接口,其接口如表 2.4-1 所示。

表 2.4-1 IECS 与 BAS 接口表

编号	接口位置	BAS 职责	IECS 职责	接口类型	备注
IECS.BAS.1	位于 IECS 集中控制柜接线端子处	提供控制柜接线端子;负责 BAS 与 IECS 通信测试及系统联调	提供 IECS 集中控制柜相应的接线端子排,并指导 BAS 侧的安装接线;配合 BAS 进行通信测试及系统联调	通信接口	主用通信
IECS.BAS.2	BAS 侧接口位于车站环控电控室 BAS 柜接线端子处,IECS 侧接口位于 IECS 集中控制柜接线端子处	提供控制柜接线端子;负责 BAS 与 IECS 硬接线信号对点测试	提供 IECS 集中控制柜相应的接线端子排,并指导 BAS 侧的安装接线;配合 BAS 进行硬接线信号对点测试	硬线电缆	火灾报警、火灾停机反馈

3. 功能接口

正常工况时,IECS 通过传感器反馈的参数,判断选定要执行的空调大系统及空调小系统模式,并将要执行的模式代码通过通信协议下发至 BAS。BAS 在执行该模式前,将风机、电动风量调节阀(IECS 控制范围内的风机、组合式空调机组、柜式风机盘管机组联锁风阀由 IECS 负责)开启到相应状态后,将执行结果反馈给 IECS,由 IECS 进行该模式具体执行。

火灾工况时,BAS 通过硬线接口下发火灾指令至 IECS,IECS 执行相应的模式。

4. 信号类型

信号类型以 BAS 侧接口为准,信号类型符号说明如表 2.4-2 所示。

表 2.4-2 信号类型符号说明表

DI	开关量输入信号
DO	开关量输出信号

2 高效智能环控系统的设计方案

续表

AI	模拟量输入信号
AO	模拟量输出信号
COM	通信接口

如 DO 表示 BAS 端的开关量输出信号，AO 表示 BAS 端的模拟量输出信号；DI 表示现场设备端的开关量输入信号，AI 表示现场设备端的模拟量输入信号。

5. 接口协议

BAS 与 IECS 通过通信接口进行连接，采用 RS485 总线作为通信介质，遵循 ModbusRTU 协议进行数据交换。IECS 的通信端口配置如下：

（1）波特率设定为 9600bit/s；

（2）数据位设置为 8 位；

（3）停止位设置为 1 位；

（4）校验位采用偶校验方式；

（5）IECS 的从站地址编号为 11。

6. 接口类表

表 2.4-3　BAS 与 IECS 通信类表（包含但不限于以下内容）

序号	信号名称	信号方向	信号类型	接口类型	备注
1	智能环控控制系统心跳字	智能环控控制系统→BAS	AI	通信	
2	大系统、小系统当前运行模式				
3	BAS 心跳字	BAS→智能环控控制系统	AO		
4	IBP 手动/自动				
5	火灾信号			通信+硬接线	
6	大系统模式风阀自动状态、风阀开关到位状态、风阀故障状态、风阀单控标志		DO	通信	
7	小系统模式风阀自动状态、风阀开关到位状态、风阀故障状态、风阀单控标志				

2.4.2　与综合监控系统（ISCS）接口

1. 接口界面

智能环控控制系统与综合监控系统通过通信接口实现互联，通过智能环境控制系统的通信网关与综合监控系统的冗余交换机相连接。

通过此通信接口，智能环境控制系统与综合监控系统（ISCS）之间得建立连接。智能环境控制系统中的空调水系统模式、空调大系统模式以及空调小系统相关的模式状态、设备状态、信息和能耗数据均通过该接口直接上传至综合监控系统。同时，综合监控系统能够通过该通信接口向智能环境控制系统下发空调水系统、空调大系统及空调小系统的模式号、单控操作、模控操作至 IECS。

智能环控与 ISCS 的供货接口界面如图 2.4-3 所示。

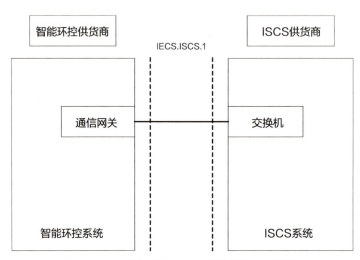

图 2.4-3　智能环控与 ISCS 的供货接口界面图

2. 物理接口

智能环控控制系统与综合监控系统（ISCS）采用 ModbusTCP/IP 通信协议。

通信接口类型为以太网通信接口，其物理接口如表 2.4-4 所示。

表 2.4-4　智能环控控制系统与综合监控系统（ISCS）物理接口表

编号	接口位置	ISCS 职责	IECS 职责	接口类型	备注
IECS.ISCS.1	位于 IECS 集中控制柜通信网关处	提供 ISCS 控制柜相应的接线端口，负责 ISCS 与 IECS 通信测试及系统联调	提供 IECS 集中控制柜通信网关的接线端口，并指导 IECS 侧的安装接线；配合 ISCS 进行通信测试及系统联调	10/100M 以太网，RJ45	

3. 功能接口

智能环控控制系统与综合监控系统（ISCS）建立通信接口。

通过通信接口，在智能环控控制系统与综合监控系统（ISCS）之间建立连接，智能环控控制系统内空调水系统模式、空调大系统模式及空调小系统相关的模式状态、设备的状态、信息、能耗数据均通过该接口直接上传到综合监控。综合监控可以通过该通信接口下发空调水系统、空调大系统及空调小系统模式号、单控操作、模控操作至智能环

2 高效智能环控系统的设计方案

控控制系统。

智能环控控制系统在接口类表中的通信数据按一定顺序放置在连续不间断的保持寄存器地址中,寄存器地址要求连续不间断。通信协议地址由智能环控控制系统厂家提供(表 2.4-5)。

表 2.4-5 智能环控控制系统与综合监控系统(ISCS)功能接口表

编号	功能要求	智能环控控制系统	综合监控系统(ISCS)	备注
IECS.ISCS.1	综合监控系统(ISCS)对智能环控控制系统进行监控	提供智能环控控制系统内空调水系统模式、空调大系统模式及空调小系统相关的模式状态、设备的状态、信息、能耗数据到ISCS	下发空调大系统及空调小系统模式号、单控操作、模控操作至智能环控控制系统	

4. 接口类表

综合监控系统(ISCS)通信类接口表如表 2.4-6 所示(包含但不限于表中内容)。

表 2.4-6 综合监控系统(ISCS)通信类接口表

序号	信号名称	信号方向	信号类型	接口类型	备注
1	智能环控控制系统跳字	智能环控控制系统—〉综合监控系统(ISCS)	ModbusTCP	通信	
2	大系统模式权限状态、大系统火灾信号				
3	水系统模式权限状态、当前运行模式				
4	冷水机组运行反馈状态、故障反馈状态、远程反馈状态、冷冻水流开关状态、冷却水流开关状态、通信状态、模式不符、单控标志、设备动作超时、蒸发器进出水温度、冷凝器进出水温度、报警代码				
5	冷冻水泵就地/环控节能				

2.4.3 与低压配电系统接口

1. 与低压配电接口-电动蝶阀

1)智能环控供货商及电动蝶阀供货商的接口界面

接口界面参考图 2.4-4。

电动蝶阀电气接线端子如图 2.4-5 所示。

电动蝶阀开到位、关到位均由执行器内部断电。

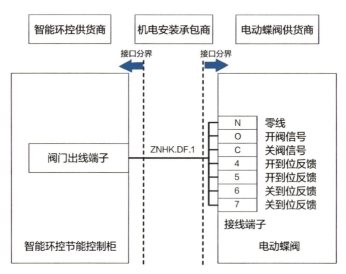

图 2.4-4 智能环控系统与低压配电接口 - 电动蝶阀的接口界面

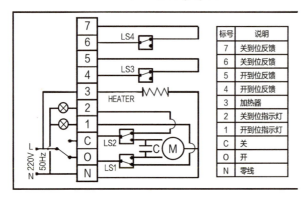

图 2.4-5 电动蝶阀电气接线端子图

2）物理接口

表 2.4-7 综合监控系统（ISCS）通信类接口表

编号	接口内容	智能环控控制系统	电动蝶阀	接口类型	备注
ZNHK.DF.1	电动蝶阀配电	提供智能环控控制系统控制箱内相应的接线端子排，并指导智能环控控制系统侧的安装接线	厂家提供电动蝶阀内相应的接线端子排，并指导电动蝶阀的安装接线	硬接线	

3）接口位置、数量、分工

接口位置在高效智能环控系统各个电动蝶阀控制回路的接线端子处，电动蝶阀电源为 AC220V/50Hz 单相电源，采用硬线方式连接，电缆由低压专业提供。

2 高效智能环控系统的设计方案

电动蝶阀承包商负责提供电动蝶阀运行状态与控制回路的接线端子。

智能环控节能控制柜到电动蝶阀之间的电缆敷设及连接由常规机电安装单位负责，设备供应商负责提供技术指导并配合调试。

2. 与低压配电接口－反冲洗过滤器

1）智能环控与反冲洗过滤器的接口框图

智能环控与反冲洗过滤器的接口划分如图 2.4-6 所示。

反冲洗过滤器接线端子图如图 2.4-7 所示。

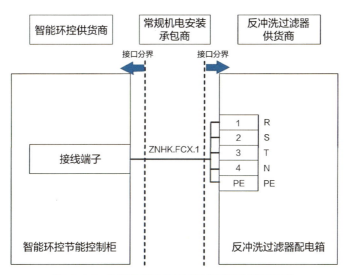

图 2.4-6　智能环控与反冲洗过滤器的接口划分

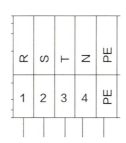

图 2.4-7　反冲洗过滤器接线端子图

2）物理接口

表 2.4-8　反冲洗过滤器配电物理接口

编号	接口内容	智能环控控制系统	反冲洗过滤器	接口类型	备注
ZNHK.FCX.1	反冲洗过滤器配电	提供智能环控控制系统控制箱内相应的接线端子排，并指导智能环控控制系统侧的安装接线	厂家提供反冲洗过滤器内相应的接线端子排，并指导反冲洗过滤器的安装接线	380VAC 三相五线	

3）位置、数量、分工

节能控制柜为反冲洗过滤器提供 380V/50Hz/ 三相、电压波动 ≤ ±10%、频率波动 ≤ ±5% 的电源，接口在反冲洗过滤器自带电控箱接线端子，控制及电气保护部分在反冲洗过滤器控制柜内设置。

反冲洗过滤器控制要求包括：启、停；显示内容包括：启、停、故障（含泄水电磁阀的故障）等。

智能环控节能控制柜到反冲洗过滤器的电缆的敷设及接线由常规机电安装单位负责，设备供应商负责提供技术指导并配合调试。

3. 与低压配电接口 - 风机盘管

1）智能环控与风机盘管的接口

智能环控与每个风机盘管的施工接口如图 2.4-8 所示。

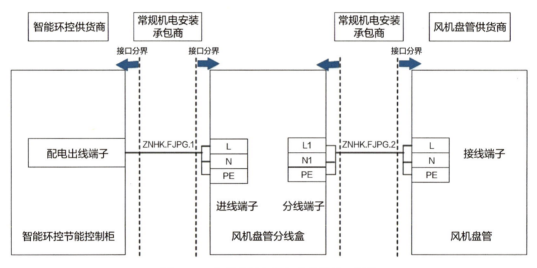

图 2.4-8　智能环控与风机盘管的接口划分

风机盘管接线端子如图 2.4-9 所示。

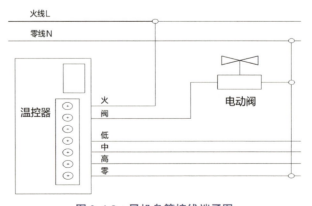

图 2.4-9　风机盘管接线端子图

2）物理接口

表 2.4-9　风机盘管接线盒配电物理接口

编号	接口内容	智能环控控制系统	风机盘管厂家	接口类型	备注
ZNHK.FJPG.1\ZNHK.FJPG.2	风机盘管接线盒配电\风机盘管配电	提供智能环控控制系统控制箱内相应的接线端子排，并指导智能环控控制系统侧的安装接线	提供风机盘管接线盒内相应的接线端子排，并指导风机盘管的安装接线	硬接线	

3）位置、数量、分工

节能控制柜为风机盘管提供 220V/50Hz、电压波动≤±10%、频率波动≤±5% 电源，接口在风机盘管接线盒，控制及电气保护部分在智能环控节能控制柜内设置。

现场风机盘管分线盒至风机盘管接线盒之间的电缆敷设及接线由常规机电安装单位负责，设备供应商负责提供技术指导并配合调试。

4. 与低压配电接口－柜式风机盘管机组

1）接口界面

智能环控控制系统与柜式风机盘管机组的连接点位于该机组的接线端子处。智能环控控制系统提供两路独立电源分别到柜式风机盘管机组风机及静电除尘设备。接口的类型为配电接口。相关的接口示意见图 2.4-10。

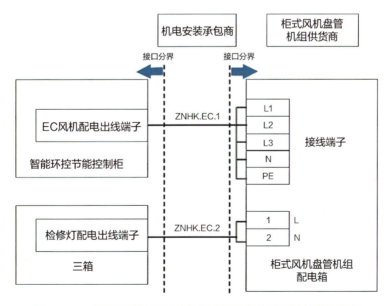

图 2.4-10　智能环控控制系统与柜式风机盘管机组的接口分界图

柜式风机盘管机组接线端子如图 2.4-11 所示。

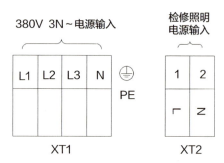

图 2.4-11　柜式风机盘管机组接线端子图

2）物理接口

物理接口见表 2.4-10、表 2.4-11 所示。

表 2.4-10　ZNHK 与柜式风机盘管机组的物理接口表

编号	接口内容	智能环控控制系统	柜式风机盘管机组厂家	接口类型	备注
ZNHK.EC.1	柜式风机盘管机组配电	提供智能环控控制系统控制箱内相应的接线端子排，并指导智能环控控制系统侧的安装接线	提供柜式风机盘管机组接线盒内相应的接线端子排，并指导柜式风机盘管机组的安装接线	硬接线配电接口	

表 2.4-11　动照专业与柜式风机盘管机组的物理接口表

编号	接口内容	动照专业	柜式风机盘管机组厂家	接口类型	备注
ZNHK.EC.2	柜式风机盘管机组配电	提供三箱内相应的接线端子排，并指导三箱侧的安装接线	提供柜式风机盘管机组接线盒内检修灯相应的接线端子排，并指导柜式风机盘管机组的安装接线	硬接线配电接口	

3）位置、数量、分工

节能控制柜为柜式风机盘管机组提供 380V/50Hz/（变频）、电压波动≤±10%、频率波动≤±5% 电源，接口在柜式风机盘管机组端子盒，变频电机与散热风扇连轴，控制及电气保护部分在智能环控节能控制柜内设置。

三箱为柜式风机盘管机组检修灯提供 220V/50Hz、电压波动≤±10%、频率波动≤±5% 电源，接口在柜式风机盘管机组检修灯端子盒。

节能控制柜至柜式风机盘管机组接线盒之间的电缆敷设及接线由常规机电安装单位负责，设备供应商负责提供技术指导并配合调试。

三箱至柜式风机盘管机组接线盒之间的电缆敷设及接线由常规机电安装单位负责，设备供应商负责提供技术指导并配合调试。

5. 与低压配电接口－胶球自动在线清洗

1）智能环控与胶球自动在线清洗装置的接口

智能环控与胶球自动在线清洗装置的接口如图 2.4-12 所示。

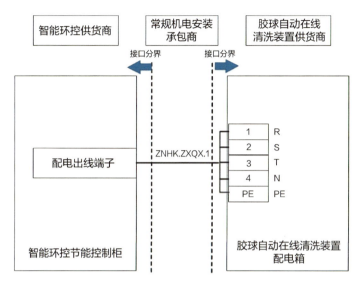

图 2.4-12　智能环控与胶球自动在线清洗装置的接口划分

胶球自动在线清洗装置接线端子图如图 2.4-13 所示。

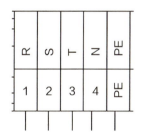

图 2.4-13　胶球自动清洗装置接线端子图

2）物理接口

物理接口见表 2.4-12。

3）位置、数量、分工

节能控制柜为胶球自动在线清洗装置提供 380V/50Hz/ 三相、电压波动≤ ±10%、频率波动≤ ±5% 的电源，接口在胶球自动在线清洗装置自带电控箱接线端子。控制及电气保护部分在胶球自动在线清洗装置自带控制柜内设置。

智能环控节能控制柜到胶球自动在线清洗装置的电缆敷设及接线由常规机电安装单位负责，设备供应商负责提供技术指导并配合调试。

表 2.4-12　ZNHK 与胶球自动清洗装置的物理接口表

编号	接口内容	智能环控控制系统	胶球自动在线清洗装置	接口类型	备注
ZNHK.ZXQX.1	胶球自动在线清洗装置配电	提供智能环控控制系统控制箱内相应的接线端子排，并指导智能环控控制系统侧的安装接线	厂家提供胶球自动在线清洗装置内相应的接线端子排，并指导胶球自动在线清洗装置的安装接线	硬接线	

6. 与低压配电接口－空调水泵

1）智能环控与空调水泵的接口

智能环控与空调水泵的施工接口如图 2.4-14 所示。

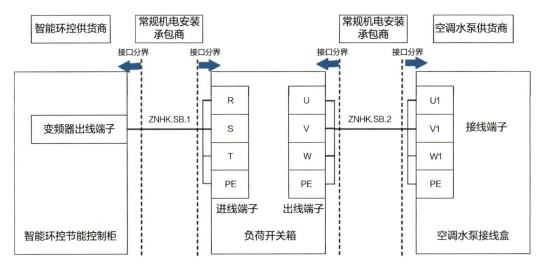

图 2.4-14　智能环控与空调水泵的施工接口划分

空调水泵接线端子如图 2.4-15 所示。

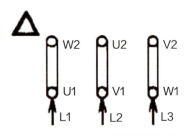

图 2.4-15　空调水泵接线端子图

2）物理接口

物理接口见表 2.4-13。

2 高效智能环控系统的设计方案

表 2.4-13　ZNHK 与空调水泵的物理接口表

编号	接口内容	智能环控控制系统	动照专业	空调水泵厂家	接口类型	备注
ZNHK.SB.1	空调水泵配电	提供智能环控控制系统控制箱内相应的接线端子排，并指导智能环控控制系统侧的安装接线	提供负荷开关箱内相应的接线端子排，并指导开关箱侧的安装接线	提供空调水泵接线盒内相应的接线端子排，并指导空调水泵的安装接线	硬接线	
ZNHK.SB.2	空调水泵配电	提供智能环控控制系统控制箱内相应的接线端子排，并指导智能环控控制系统侧的安装接线	提供负荷开关箱内相应的接线端子排，并指导开关箱侧的安装接线	提供空调水泵接线盒内相应的接线端子排，并指导空调水泵的安装接线	硬接线	

3）位置、数量、分工

节能控制柜为空调水泵提供 380V/50Hz/（变频）、电压波动 ≤ ±10%、频率波动 ≤ ±5% 电源，接口在空调水泵接线端子盒，变频电机与散热风扇连轴，控制及电气保护部分在智能环控节能控制柜内设置。

现场检修断电功能的负荷开关箱至空调水泵接线盒之间的电缆敷设及接线由常规机电安装单位负责，设备供应商负责提供技术指导并配合调试。

7. 与低压配电接口－空调新风机和回排风机

1）智能环控与空调新风机、回排风机的接口

智能环控与空调新风机、回排风机的接口如图 2.4-16 所示。

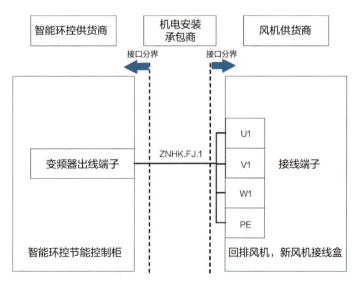

图 2.4-16　智能环控与空调风机的接口划分

空调风机接线端子如图 2.4-17 所示。

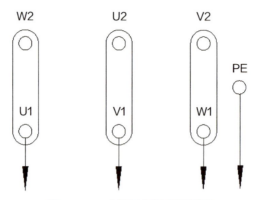

图 2.4-17　空调风机接线端子图

2）物理接口

物理接口见表 2.4-14。

表 2.4-14　ZNHK 与空调风机的物理接口表

编号	接口内容	智能环控控制系统	空调风机	接口类型	备注
ZNHK.FJ.1	空调风机配电	提供智能环控控制系统控制箱内相应的接线端子排，并指导智能环控控制系统侧的安装接线	厂家提供空调风机内相应的接线端子排，并指导空调风机的安装接线	硬接线	

3）位置、数量、分工

节能控制柜为空调风机提供 380V/50Hz/ 三相（变频）、电压波动≤ ±10%、频率波动≤ ±5% 的电源，接口在空调风机接线盒接线端子，连接动力电缆的端子应比正常配电容量端子高 1 至 2 个等级，控制及电气保护部分在智能环控节能控制柜内设置。

智能环控节能控制柜到空调风机接线盒之间的电缆敷设和接线由常规机电安装单位负责，设备供应商负责提供技术指导并配合调试。

8. 与低压配电接口 - 冷却塔（永磁同步电机）

1）智能环控与冷却塔的接口

智能环控与每个冷却塔的接口如图 2.4-18 所示。

冷却塔接线端子图如图 2.4-19 所示。

2 高效智能环控系统的设计方案

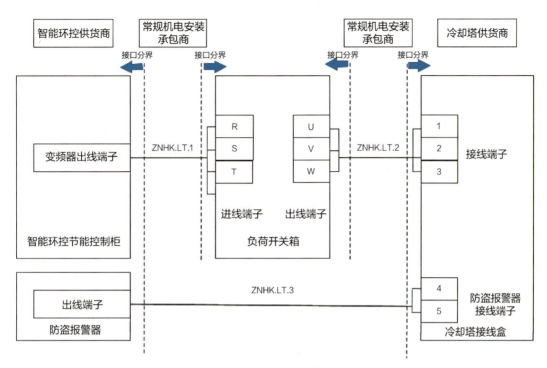

图 2.4-18 智能环控与冷却塔的接口划分

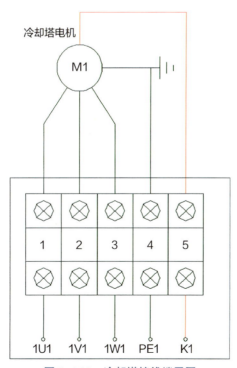

图 2.4-19 冷却塔接线端子图

2）物理接口

物理接口见表 2.4-15。

表 2.4-15　ZNHK 与冷却塔的物理接口表

编号	接口内容	智能环控控制系统	动照专业	冷却塔厂家	接口类型	备注
ZNHK.LT.1、ZNHK.LT.2	冷却塔配电	提供智能环控控制系统控制箱内相应的接线端子排，并指导智能环控控制系统侧的安装接线	提供负荷开关箱内相应的接线端子排，并指导开关箱侧的安装接线	提供冷却塔接线盒内相应的接线端子排，并指导冷却塔的安装接线	硬接线	
ZNHK.LT.3	冷却塔防盗报警	提供防盗报警器内相应的接线端子排，并指导防盗报警器侧的安装接线				

3）位置、数量、分工

节能控制柜为冷却塔提供 380V/50Hz/ 三相（变频）、电压波动 ≤ ±10%、频率波动 ≤ ±5% 的电源，接口在冷却塔接线盒接线端子，控制及电气保护部分在智能环控节能控制柜内设置。

现场检修断电功能的负荷开关箱至冷却塔风机之间的电缆敷设及接线由常规机电安装单位负责，设备供应商负责提供技术指导并配合调试。

现场冷却塔防盗报警器至冷却塔风机之间的电缆敷设及接线由常规机电安装单位负责，设备供应商负责提供技术指导并配合调试。

高效智能环控系统不负责冷却塔检修插座箱配电。

2.4.4　与冷水机组连接的接口

1. 接口界面

智能环控控制系统与冷水机组的接口在冷水机组机载控制柜的硬线接线端子上。

接口类型：通信接口。

通过通信接口，在智能环控控制系统与冷水机组之间建立连接，实现智能环控控制系统对冷水机组的运行状态监控，并负责将设备状态信息上传至智能环控控制系统，同时可以对冷水机组进行远程控制。

通过通信接口读取冷水机组内部状态信息、电量信息、报警信息，设定冷水机组冷冻水出水温度。

接口示意图如图 2.4-20 所示。

2 高效智能环控系统的设计方案

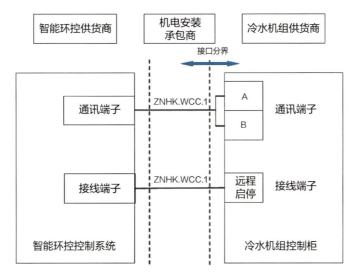

图 2.4-20 智能环控控制系统与冷水机组的接口分界图

2. 物理接口

智能环控控制系统与冷水机组采用硬接线接口及 RS485 通信接口。

通信接口类型为 RS485 非冗余通信接口。智能环控控制系统给冷水机组单独提供一个通信接口。通信协议互相协商确定。

通过通信接口，在智能环控控制系统与冷水机组之间建立连接，实现智能环控控制系统对冷水机组的状态监视和水温控制，并负责将设备状态信息上传至 BAS 系统和综合监控系统。

智能环控控制系统在接口列表中的通信数据按一定顺序放置在连续不间断的保持寄存器地址中，寄存器地址要求连续不间断。通信协议地址由冷水机组厂家提供 PDF 版本。

ZNHK 与冷水机组的物理接口见表 2.4-16。

表 2.4-16 ZNHK 与冷水机组的物理接口表

编号	接口内容	智能环控控制系统	冷水机组	接口类型	备注
ZNHK.WCC.1	冷水机组状态监控	提供智能环控控制系统控制箱内相应的接线端子排，并指导智能环控控制系统侧的安装接线	在冷水机组机载电控箱接线端子上，指导冷水机组机载电控箱侧的安装接线；配合智能环控控制系统调试	RS485 非冗余通信接口	
ZNHK.WCC.2	远程启停信号			无源干接点	

3. 功能接口

智能环控控制系统与冷水机组建立通信接口，通过通信接口，读取机组内部状态信息、电量信息、报警信息等，并负责将设备状态信息上传至智能环控控制系统 MMI 上进行显示，同时可以对冷水机组冷冻水出水温度进行设定。如表 2.4-17 所示。

表 2.4-17 智能环控控制系统与冷水机组的功能接口表

编号	功能要求	智能环控控制系统	冷水机组	备注
ZNHK.WCC.1	智能环控控制系统对冷水机组进行监控	监控冷水机组运行状态，监控冷水机组电能、功率	提供智能环控控制系统冷水机组状态信息和电能、功率信息，并接受智能环控控制系统远程控制	
ZNHK.WCC.2	智能环控控制系统对冷水机组进行远程启停控制	远程控制冷水机组启停	提供远程启停控制端子，并接收智能环控控制系统远程控制信号	

4. 接口类表

冷水机组通信接口类表如表 2.4-18～表 2.4-21 所示。

表 2.4-18 冷水机组电能监测通信接口类表（包含但不限于以下内容）

序号	信号名称	信号方向	信号类型	接口类型	备注
1	AB 相、BC 相、CA 相电压	冷水机组→智能环控控制系统	INT	RS485	
2	A 相、B 相、C 相电流				
3	有功功率				
4	功率因数				
5	有功电能				
6	无功电能				

表 2.4-19 变频螺杆冷水机组通信接口类表（包含但不限于以下）

序号	信号名称	信号方向	信号类型	接口类型	备注
1	运行反馈状态、故障反馈状态、远程反馈状态	冷水机组→智能环控控制系统	BOOL	RS485	
2	冷冻出水温度目标值、冷冻进出水温度、冷却进出水温度		INT		
3	故障报警字	冷水机组→智能环控控制系统	INT		
4	排气温度、排气压力、吸气压力、压缩机油温、排气压力饱和温度、吸气压力饱和温度		INT		
5	电流		INT		
6	开关机控制命令	智能环控控制系统→冷水机组	BOOL		
7	冷冻出水温度设定值		INT		

2 高效智能环控系统的设计方案

表 2.4-20 变频离心式冷水机组通信接口类表（包含但不限于）

序号	信号名称	信号方向	信号类型	接口类型	备注
1	运行反馈状态、故障反馈状态、远程反馈状态、固定负荷使能状态	冷水机组→智能环控控制系统	BOOL	RS485	
2	制冷出水温度目标值、故障报警字、冷冻进出水温度、冷却进出水温度				
3	冷凝压力、蒸发压力、供油温度、油箱温度、绕组温度、导叶开度、排气温度、吸气温度、供油压力、油箱压力、电流百分比、功率百分比、变频器频率、冷凝饱和温度、蒸发饱和温度	冷水机组→智能环控控制系统	INT		
4	开关机控制命令		BOOL		
5	固定负荷设定		INT		
6	制冷出水温度设定值		INT		

表 2.4-21 磁悬浮冷水机组通信接口类表（包含但不限于以下）

序号	信号名称	信号方向	信号类型	接口类型	备注
1	运行反馈状态、故障反馈状态、远程反馈状态		BOOL	RS485	
2	固定负荷目标值				
3	制冷出水温度目标值、故障报警字、冷冻进出水温度、冷却进出水温度、冷凝压力、蒸发压力、蒸发饱和温度、冷凝饱和温度、排气温度、吸气温度、电流、排气压力、吸气压力、排气饱和温度、吸气饱和温度等	冷水机组→智能环控控制系统	INT		
4	远程启停控制命令		BOOL		
5	清洗限制（电流百分比）	智能环控控制系统→冷水机组	INT		
6	用户负荷限制值（功率百分比）		INT		

2.4.5　与胶球在线清洗设备接口

1. 接口界面

智能环控控制系统与胶球自动在线清洗装置的接口在胶球自动在线清洗装置机载控制柜的硬线接线端子上。

接口类型：通信接口。

通过通信接口，在智能环控控制系统与胶球自动在线清洗装置之间建立连接，实现智能环控控制系统对胶球自动在线清洗装置的运行状态监控，并负责将设备状态信息上传至智能环控控制系统，同时可以对胶球自动在线清洗装置进行远程控制。

接口示意如图 2.4-21 所示。

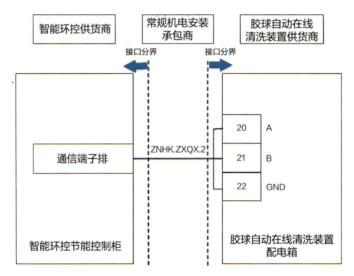

图 2.4-21　智能环控控制系统与胶球自动在线清洗装置的接口分界图

胶球自动清洗装置接线端子如图 2.4-22 所示。

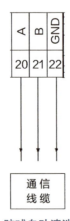

图 2.4-22　胶球自动清洗装置接线图

2 高效智能环控系统的设计方案

2. 物理接口

智能环控控制系统与胶球自动在线清洗装置采用 RS485 通信接口。

通信接口类型为 RS485 非冗余通信接口。智能环控控制系统给胶球自动在线清洗装置单独提供一个通信接口。通信协议采用 modbus-RTU。

胶球清洗装置为从站,高效智能环控系统为主站,波特率 9600baud,起始位 8,停止位 1,无校验。

1 号冷水机组对应的胶球清洗装置站地址为 11。

2 号冷水机组对应的胶球清洗装置站地址为 12。

3 号冷水机组对应的胶球清洗装置站地址为 13。

通过通信接口,在智能环控控制系统与胶球自动在线清洗装置之间建立连接,实现智能环控控制系统对胶球自动在线清洗装置的状态监视和控制,并负责将设备状态信息上传至 BAS 和综合监控系统。

智能环控控制系统在接口列表中的通信数据按一定顺序放置在连续不间断的保持寄存器地址中,寄存器地址要求连续不间断。通信协议地址由胶球自动在线清洗装置厂家提供 PDF 版本。智能环控系统与胶球自动在线清洗装置的物理接口见表 2.4-22。

表 2.4-22　ZNHK 与胶球自动在线清洗装置的物理接口表

编号	接口内容	智能环控控制系统	胶球自动在线清洗装置	接口类型	备注
ZNHK.ZXQX.2	胶球自动在线清洗装置状态监控	提供智能环控控制系统控制箱内相应的接线端子排,并指导智能环控控制系统侧的安装接线	在胶球自动在线清洗装置机载电控箱接线端子上,指导胶球自动在线清洗装置机载电控箱侧的安装接线;配合智能环控控制系统调试	RS485 非冗余通信接口	

3. 功能接口

通过通信接口,读取胶球自动在线清洗装置状态信息,并负责将设备状态信息上传至智能环控控制系统 HMI 上进行显示,同时可以对胶球自动在线清洗装置冷却水出水温度进行设定。智能环控控制系统与胶球自动在线清洗装置的功能接口见表 2.4-23。

表 2.4-23　智能环控控制系统与胶球自动在线清洗装置的功能接口表

编号	功能要求	智能环控控制系统	胶球自动在线清洗装置	备注
ZNHK.ZXQX.2	智能环控控制系统对胶球自动在线清洗装置进行监控	监控胶球自动在线清洗装置运行状态,监控胶球自动在线清洗装置启、停、清洗频率和周期、故障状态	提供智能环控控制系统胶球自动在线清洗装置状态信息,并接受智能环控控制系统远程控制	

胶球清洗装置在就地位时，按胶球清洗装置触摸屏设定的清洗周期运行，胶球清洗装置在远程状态时，根据智能环控发的启动信号联锁运行。高效智能环控系统根据 Modbus 读回的清洗周期自动计时，计时时间到了之后会先提高冷却水泵频率，再发远程启动信号，并延时 5min 之后再降低冷却水泵频率。胶球清洗装置接收到高效智能环控系统远程启动信号时，直接启动发球程序，收球结束后自行停止运行。

4. 接口类表

如表 2.4-24 所示。

表 2.4-24　胶球自动在线清洗装置通信类表（包含但不限于）

序号	信号名称	信号方向	信号类型	接口类型	备注
1	本地／远程状态	胶球自动在线清洗装置－〉智能环控控制系统	BOOL	RS485	1＝远程，0＝本地
2	运行状态	胶球自动在线清洗装置－〉智能环控控制系统	BOOL	RS485	1＝运行，0＝停止
3	故障状态	胶球自动在线清洗装置－〉智能环控控制系统	BOOL	RS485	1＝故障，0＝正常
4	清洗周期	胶球自动在线清洗装置－〉智能环控控制系统	INT	RS485	0～1000 对应每次 0～100.0h
5	远程启动	智能环控控制系统－〉胶球自动在线清洗装置	BOOL	RS485	1＝启动，0＝无意义（3 秒脉冲信号）
6	冷却水系统运行	智能环控控制系统－〉胶球自动在线清洗装置	BOOL	RS485	1＝冷却水系统运行，0＝冷却水系统停止

2.4.6　与反冲洗过滤器连接的接口

1. 接口界面

智能环控控制系统与反冲洗过滤器的接口在反冲洗过滤器机载控制柜的通信接线端子上。

接口类型：通信接口。

通过通信接口，在智能环控控制系统与反冲洗过滤器之间建立连接，实现智能环控控制系统对反冲洗过滤器的运行状态监控，并负责将设备状态信息上传至智能环控控制系统，同时可以对反冲洗过滤器进行远程控制。

接口示意如图 2.4-23 所示。

反冲洗过滤器接线端子如图 2.4-24 所示。

2 高效智能环控系统的设计方案

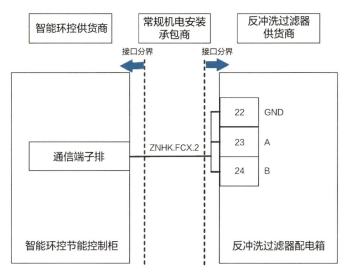

图 2.4-23　智能环控控制系统与反冲洗过滤器的接口分界图

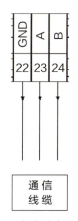

图 2.4-24　反冲洗过滤器接线端子图

2. 物理接口

智能环控控制系统与反冲洗过滤器采用 RS485 通信接口。

通信接口类型为 RS485 非冗余通信接口。智能环控控制系统给反冲洗过滤器提供一个通信接口。通信协议采用 Modbus-RTU。

反冲洗过滤器为从站，高效智能环控系统为主站，波特率 9600baud，起始位 8，停止位 1，无校验。

1 号冷水机组对应的反冲洗过滤器站地址为 21。

2 号冷水机组对应的反冲洗过滤器站地址为 22。

3 号冷水机组对应的反冲洗过滤器站地址为 23。

通过通信接口，在智能环控控制系统与反冲洗过滤器之间建立连接，实现智能环控控制系统对反冲洗过滤器的状态监视和控制，并负责将设备状态信息上传至 BAS 系统和综合监控系统。

智能环控控制系统在接口列表中的通信数据按一定顺序放置在连续不间断的保持寄存器地址中，寄存器地址要求连续不间断。通信协议地址由反冲洗过滤器厂家提供 PDF 版本。

智能环控控制系统通过通信接口监控反冲洗过滤器的故障状态及就地/远程状态，并通过通信接口远程控制反冲洗过滤器的启停。智能环控系统与反冲洗过滤器的物理接口见表 2.4-25。

表 2.4-25　ZNHK 与反冲洗过滤器的物理接口表

编号	接口内容	智能环控控制系统	反冲洗过滤器	接口类型	备注
ZNHK.FCX.2	反冲洗过滤器远程监视及控制	提供智能环控控制系统控制箱内相应的接线端子排，并指导智能环控控制系统侧的安装接线	在反冲洗过滤器机载电控箱接线端子上，指导反冲洗过滤器机载电控箱侧的安装接线；配合智能环控控制系统调试	RS485 非冗余通信接口	

3. 功能接口

通过通信接口，读取反冲洗过滤器状态信息，并负责将设备状态信息上传至智能环控控制系统 HMI 上进行显示，同时可以对反冲洗过滤器进行远程控制。

反冲洗过滤器在就地位时，可通过反冲洗过滤器控制箱上的操作按钮进行就地启停控制，反冲洗过滤器在远程状态时，根据智能环控发的启动信号联锁运行。高效智能环控系统根据设定的冲洗周期进行计时，计时时间到了之后会先提高冷却水泵频率，再发远程启动信号，并延时 3min 之后再降低冷却水泵频率。反冲洗过滤器接收到高效智能环控系统远程启动信号时，直接启动冲洗程序，冲洗结束后自行停止运行。智能环控控制系统与反冲洗过滤器的功能接口见表 2.4-26。

表 2.4-26　智能环控控制系统与反冲洗过滤器的功能接口表

编号	功能要求	智能环控控制系统	反冲洗过滤器	备注
ZNHK.FCX.2.1	反冲洗过滤器就地/远程状态监控	监控反冲洗过滤器就地/远程状态	提供给智能环控控制系统反冲洗过滤器就地/远程状态信息	
ZNHK.FCX.2.2	反冲洗过滤器冲洗信号	提供远程控制信号到反冲洗过滤器	接受智能环控控制系统远程控制	
ZNHK.FCX.2.2	远程报警监控	监控反冲洗过滤器报警状态	提供给智能环控控制系统反冲洗过滤器报警信息	
ZNHK.FCX.2.3	跑水报警监控	监控反冲洗过滤器跑水报警状态	提供给智能环控控制系统反冲洗过滤器跑水报警信息	

4. 接口类表

反冲洗过滤器通信类表见表 2.4-27（包含但不限于）

表 2.4-27 反冲洗过滤器的通信类表

序号	信号名称	信号方向	信号类型	接口类型	备注
ZNHK.FCX.2.1	本地／远程状态	反冲洗过滤器→智能环控控制系统	BOOL	RS485	1＝远程，0＝本地
ZNHK.FCX.2.2	反洗运行状态	反冲洗过滤器→智能环控控制系统	BOOL	RS485	1＝反复运行，0＝停止
ZNHK.FCX.2.2	反冲洗过滤器冲洗信号	智能环控控制系统→反冲洗过滤器	BOOL	RS485	1＝冲洗，0＝无意义（脉冲信号，高电平时长约3～5秒）
ZNHK.FCX.2.3	远程报警	反冲洗过滤器→智能环控控制系统	BOOL	RS485	1＝报警，0＝无意义
ZNHK.FCX.2.4	跑水报警	反冲洗过滤器→智能环控控制系统	BOOL	RS485	1＝报警，0＝正常

2.4.7 与水泵的接口

1. 接口界面

智能环控与空调水泵的施工接口如图 2.4-25 所示。

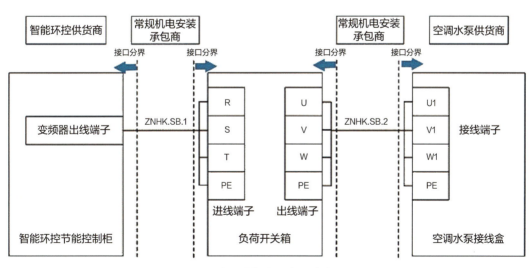

图 2.4-25 智能环控与空调水泵的施工接口划分

空调水泵接线端子图如图 2.4-26 所示。

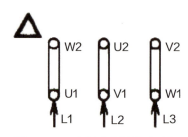

图 2.4-26 空调水泵接线端子图

2. 物理接口

智能环控系统与空调水泵的物理接口见表 2.4-28。

表 2.4-28 智能环控系统与空调水泵的物理接口表

编号	接口内容	智能环控控制系统	动照专业	空调水泵厂家	接口类型	备注
ZNHK.SB.1	空调水泵配电	提供智能环控控制系统控制箱内相应的接线端子排,并指导智能环控控制系统侧的安装接线	提供负荷开关箱内相应的接线端子排,并指导开关箱侧的安装接线	提供空调水泵接线盒内相应的接线端子排,并指导空调水泵的安装接线	硬接线	
ZNHK.SB.2	空调水泵配电	提供智能环控控制系统控制箱内相应的接线端子排,并指导智能环控控制系统侧的安装接线	提供负荷开关箱内相应的接线端子排,并指导开关箱侧的安装接线	提供空调水泵接线盒内相应的接线端子排,并指导空调水泵的安装接线	硬接线	

3. 位置、数量、分工

节能控制柜为空调水泵提供 380V/50Hz/(变频)、电压波动 ≤±10%、频率波动 ≤±5% 电源,接口在空调水泵接线端子盒,变频电机与散热风扇连轴,控制及电气保护部分在智能环控节能控制柜内设置。

现场检修断电功能的负荷开关箱至空调水泵接线盒之间的电缆敷设及接线由常规机电安装单位负责,设备供应商负责提供技术指导并配合调试。

2.4.8 与冷却塔的接口

1. 接口界面

智能环控系统与冷却塔的接口如图 2.4-27 所示。

冷却塔接线端子如图 2.4-28 所示。

2. 物理接口

智能环控系统与冷却塔的物理接口见表 2.4-29。

2 高效智能环控系统的设计方案

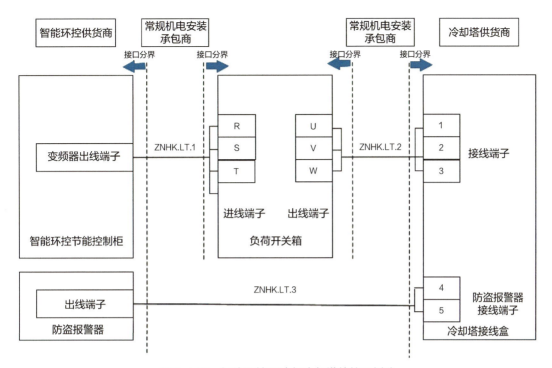

图 2.4-27　智能环控系统与冷却塔的接口划分

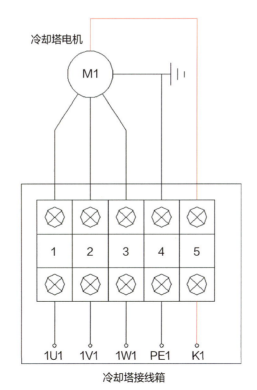

图 2.4-28　冷却塔接线端子图

表 2.4-29　智能环控系统与冷却塔的物理接口表

编号	接口内容	智能环控控制系统	动照专业	冷却塔厂家	接口类型	备注
ZNHK.LT.1、ZNHK.LT.2	冷却塔配电	提供智能环控控制系统控制箱内相应的接线端子排，并指导智能环控控制系统侧的安装接线	提供负荷开关箱内相应的接线端子排，并指导开关箱侧的安装接线	提供冷却塔接线盒内相应的接线端子排，并指导冷却塔的安装接线	硬接线	
ZNHK.LT.3	冷却塔防盗报警	提供防盗报警器内相应的接线端子排，并指导防盗报警器侧的安装接线		提供冷却塔接线盒内相应的接线端子排，并指导冷却塔的安装接线	硬接线	

3. 位置、数量、分工

节能控制柜为冷却塔提供 380V/50Hz/ 三相（变频）、电压波动≤±10%、频率波动≤±5% 的电源，接口在冷却塔接线盒接线端子，控制及电气保护部分在智能环控节能控制柜内设置。

现场检修断电功能的负荷开关箱至冷却塔风机之间的电缆敷设及接线由常规机电安装单位负责，设备供应商负责提供技术指导并配合调试。

现场冷却塔防盗报警器至冷却塔风机之间的电缆敷设及接线由常规机电安装单位负责，设备供应商负责提供技术指导并配合调试。

高效智能环控系统负责冷却塔检修插座箱配电。

2.4.9　与组合式空调设备接口

1. 接口界面

智能环控控制系统与组合式空调机组配电箱的接口在组合式空调机组配电箱的接线端子上。组合式空调机组监控的设备包括：组合式空调机组 EC 风机状态及控制等。智能环控远程智能控制箱的 220V 控制电源由组合式空调机组配电箱提供。

接口类型：RS485 接口、硬线接口。

通过 RS485 通信接口，在智能环控远程智能控制箱与组合式空调机组 EC 风机之间建立连接，实现智能环控控制系统对组合式空调机组 EC 风机控制及状态监视。并负责将设备状态信息上传至智能环控控制系统上进行显示。

通过硬线接口（无源干接点），实现智能环控远程智能控制箱对组合式空调机组 EC 风机及静电除尘设备的运行联锁。

接口示意如图 2.4-29 所示。

组合式空调机组的接线端子如图 2.4-30 所示。

2 高效智能环控系统的设计方案

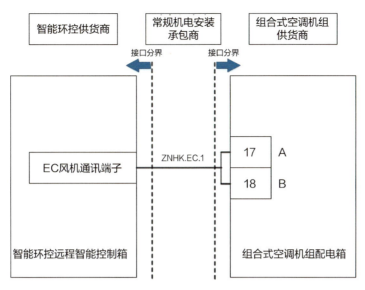

图 2.4-29　智能环控远程智能控制箱与组合式空调机组的接口分界图

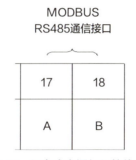

图 2.4-30　组合式空调机组接线端子图

2. 物理接口

智能环控控制系统与组合式空调机组配电箱采用 RS485 通信接口及硬接线接口。

通信接口类型为 RS485 非冗余通信接口。智能环控远程智能控制箱给组合式空调机组配电箱提供一个通信接口。通信协议为 ModBus-RTU。

通过通信接口，在智能环控控制系统与组合式空调机组 EC 风机之间建立连接，实现智能环控控制系统对组合式空气处理设备 EC 风机状态控制，并负责将设备状态信息上传至 BAS 系统和综合监控系统。

智能环控控制系统在接口列表中的通信数据按一定顺序放置在连续不间断的保持寄存器地址中，寄存器地址要求连续不间断。通信协议地址由组合式空调机组控制柜厂家提供 PDF 版本。智能环控系统与组合式空调机组的物理接口见表 2.4-30。

表 2.4-30　智能环控系统与组合式空调机组的物理接口表

编号	接口内容	智能环控控制系统	组合式空调机组	接口类型	备注
ZNHK.EC.1	组合式空调机组EC风机通信	提供智能环控控制系统与组合式空调机组控制柜状态监控内相应的接线端子排，并指导智能环控控制系统侧的安装接线；配合组合式空调机组进行调试	组合式空调机组配电箱提供通信接线端子	RS485 通信	

3. 功能接口

智能环控远程智能控制箱与组合式空调机组配电箱建立通信接口、硬接线接口，通过通信接口，实现智能环控控制系统对组合式空调机组 EC 风机的就地及远程控制，并负责将设备状态信息上传至智能环控控制系统上进行显示，同时可以对组合式空气处理机组静电除尘进行连锁控制。智能环控系统与组合式空调机组的物理接口见表 2.4-31。

表 2.4-31　智能环控系统与组合式空调机组的功能接口表

编号	功能要求	智能环控远程智能控制箱	组合式空调机组配电箱	备注
ZNHK.EC.1	监视内部组合式空调机组各台EC风机的状态，控制每台EC风机的启停及转速	提供485通信端口，监控组合式空调机组各台EC风机	提供485通信端子，提供EC风机排列顺序	

4. 接口类表

智能环控系统与组合式空调机组的通信类表见表 2.4-32（包含但不限于）。

表 2.4-32　智能环控系统与组合式空调机组的通信类表

序号	信号名称	信号方向	信号类型	接口类型	备注
1	EC风机运行状态、停止状态、故障状态	组合式空调机组控制柜→智能环控节能模块	DI	Modbus 通信	
2	EC风机运行参数：电机电流、DC链路电压、输出电压、实际速度、EC风机IGBT温度、EC风机电子元件温度、EC风机芯片温度、EC风机报警字		AI		

2.4.10　与柜式风机盘管机组接口

1. 接口界面

智能环控控制系统与柜式风机盘管机组控制柜的通信接口在柜式风机盘管机组控制柜的接线端子上。柜式风机盘管机组监控的设备包括：柜式风机盘管机组 EC 风机状态及控制等。

接口类型：RS485 接口。

通过 RS485 通信接口，在智能环控控制系统与柜式风机盘管机组 EC 风机之间建立

2 高效智能环控系统的设计方案

连接，实现智能环控控制系统对柜式风机盘管机组 EC 风机状态及控制。并负责将设备状态信息上传至智能环控控制系统与 HMI 上进行显示。

接口示意如图 2.4-31 所示。

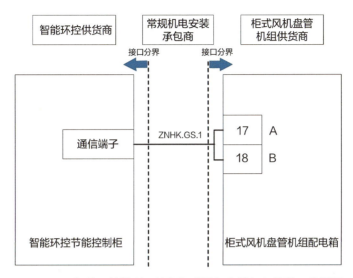

图 2.4-31　智能环控控制系统与柜式风机盘管机组的接口分界图

柜式风机盘管机组的接线端子如图 2.4-32 所示。

图 2.4-32　柜式风机盘管机组接线端子图

2. 物理接口

智能环控控制系统与柜式风机盘管机组控制柜采用 RS485 通信接口及硬接线接口。

通信接口类型为 RS485 非冗余通信接口。智能环控控制系统给柜式风机盘管机组控制柜单独提供一个通信接口。通信协议互相协商确定。

通过通信接口，在智能环控控制系统与柜式风机盘管机组 EC 风机之间建立连接，实现智能环控控制系统对每台 EC 风机状态监视，并负责将设备状态信息上传至 BAS 和综合监控系统。

智能环控控制系统在接口列表中的通信数据按一定顺序放置在连续不间断的保持寄存器地址中，寄存器地址要求连续不间断。通信协议地址由柜式风机盘管机组控制柜厂家提供 PDF 版本。智能环控系统与柜式风机盘管机组的物理接口如表 2.4-33 所示。

表 2.4-33　智能环控系统与柜式风机盘管机组的物理接口表

编号	接口内容	智能环控控制系统	柜式风机盘管机组	接口类型	备注
ZNHK.GS.1	RS485 接口，柜式风机盘管机组各台 EC 风机的状态监控及远程控制	提供智能环控控制系统与柜式风机盘管机组控制柜状态监控内相应的接线端子排，并指导智能环控控制系统与侧的安装接线；配合柜式风机盘管机组进行调试	柜式风机盘管机组控制柜接线端子上	RS48 接口	

3. 功能接口

智能环控控制系统与柜式风机盘管机组控制柜建立通信接口，通过通信接口，实现智能环控控制系统对柜式风机盘管机组的动力供电和监控，并负责将设备状态信息上传至智能环控控制系统与 HMI 上进行显示，同时可以对组合式空气处理机组进行联锁控制。智能环控系统与柜式风机盘管机组的功能接口如表 2.4-34 所示。

表 2.4-34　智能环控系统与柜式风机盘管机组的功能接口表

编号	功能要求	智能环控控制系统	柜式风机盘管机组	备注
ZNHK.GS.1	智能环控控制系统对柜式风机盘管机组各台 EC 风机的状态监控及各台 EC 风机的转速控制及远程启停	柜式风机盘管机组各台 EC 风机的状态监控，并负责将设备状态信息上传至智能环控控制系统。对柜式风机盘管机组各台 EC 风机的转速控制及远程启停	提供给智能环控控制系统柜式风机盘管机组 EC 风机状态信息。接收智能环控控制系统对柜式风机盘管机组各台 EC 风机的转速控制及远程启停信号	

4. 接口类表

智能环控系统与柜式风机盘管机组的通信类表如表 2.4-35 所示（包含但不限于）。

表 2.4-35　柜式风机盘管机组的通信类表

序号	信号名称	信号方向	信号类型	接口类型	备注
1	EC 风机运行状态、停止状态、故障状态	组合式空调机组控制柜→智能环控节能模块	DI	Modbus 通信	
2	EC 风机实际速度、电机电流、DC 链路电压、输出电压、IGBT 温度、电子元件温度、芯片温度、报警字	组合式空调机组控制柜→智能环控节能模块	AI	Modbus 通信	
3	EC 风机启停控制、速度给定	智能环控节能模块→组合式空调机组接线箱	DO	Modbus 通信	
4	……	……	……		

2.4.11 与风机设备的接口

1. 与动照的接口

（1）节能控制柜为风机提供380V/50Hz/三相（变频）、电压波动≤±10%、频率波动≤±5%的电源，接口在风机接线盒接线端子，连接动力电缆的端子应比正常配电容量端子高1至2个等级。

（2）当风机功率≥30kW，风机设轴温报警（风机设轴温报警输出信号类型为Pt100电阻阻值信号，为模拟量信号）。

（3）节能控制柜实现的监控内容：

① 控制：启、停、转速等、轴温报警停机；

② 显示：电源指示、启、停、转速、故障、轴温报警（当风机功率≥30kW）、电量、远程/本地等；

③ 风机的启、停需与风阀联锁启、停。

④ 开机模式：按启按钮→电动风阀开（风阀开指示灯亮）→风机启（运行指示灯亮）。

⑤ 关机模式：按停机按钮→风机停（停指示灯亮）→电动风阀关闭（风阀关指示灯亮）。

2. 与IECS的接口

IECS（集中控制柜）通过与节能控制柜通信接口实现风机的监控内容：

（1）控制：启、停、转速、轴温报警停机。

（2）显示：启、停、转速、故障、轴温报警（当风机功率≥30kW）、电量、远程/本地等。

（3）控制与风机联锁的风阀启、停。

2.4.12 与电动蝶阀的接口

1. 与动照的接口

（1）节能控制柜为电动风量调节阀提供220V/50Hz/、电压波动≤±10%、频率波动≤±5%的电源，接口在电动风量调节阀接线盒接线端子。

（2）节能控制柜实现的监控内容：

① 通过节能控制柜自带模块实现监控内容：

a.控制：风阀开、风阀关。

b.显示：电源指示、故障、远程/本地等。

② 通过节能控制柜与电动风量调节阀间硬线接口实现监控内容：

a.显示：开到位、关到位。

b. 风阀开、关到位后由风阀执行机构内部机械装置自行断电。

c. 节能控制柜实现风阀与风机（柜式风机盘管机组用风机）联锁启、停。

2. 与 IECS 的接口

IECS（集中控制柜）通过与节能控制柜通信接口实现电动风量调节阀的监控内容：

（1）控制：风阀开、风阀关。

（2）显示：开到位、关到位、故障、远程 / 本地等。

（3）风阀需与风机联锁启、停。

2.4.13　与回排风机轴温巡检仪的接口

1. 接口界面

智能环控控制系统与 30kW 及以上的回排风机轴温检测之间的接口在回排风机的接线端子上。

接口类型：配电接口。接口示意如图 2.4-33 所示。

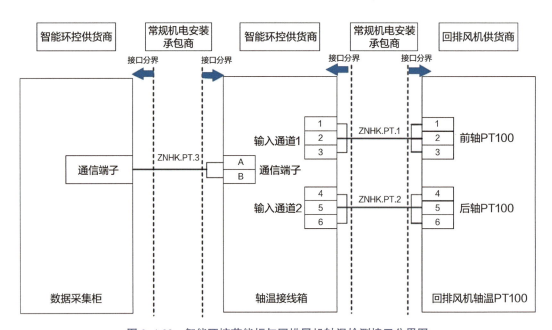

图 2.4-33　智能环控节能柜与回排风机轴温检测接口分界图

回排风机轴温检测传感器接线端子图如图 2.4-34 所示。

2 高效智能环控系统的设计方案

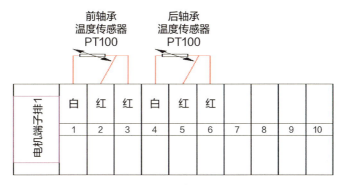

图 2.4-34 回排风机轴温检测传感器接线端子图

2. 物理接口

智能环控系统（ZNHK）与30kW及以上的回排风机轴温传感器的物理接口见表 2.4-36。

表 2.4-36 ZNHK 与 30kW 及以上的回排风机轴温检测之间的物理接口表

编号	接口内容	智能环控控制系统	回排风机厂家	接口类型	备注
ZNHK.PT.1, ZNHK.PT.2	回排风机轴温传感器监测	提供温度巡检仪就地接线箱内相应的接线端子排，并指导温度巡检仪就地接线箱侧的安装接线	提供回排风机接线盒内相应的接线端子排，并指导安装接线	硬接线接口	
ZNHK.PT.3	回排风机轴温传感器通信监测	提供智能环控控制系统控制箱内相应的接线端子排，并指导智能环控控制系统侧的安装接线	提供回排风机接线盒内相应的接线端子排，并指导安装接线	硬接线接口	

3. 位置、数量、分工

节能控制柜提供温度巡检仪就地接线箱，回排风机轴温 PT100 信号直接接入温度巡检仪就地接线箱，高效智能环控系统通过 RS485 接口以通信形式读取温度巡检仪内部数据。

回排风机轴温信号由高效智能环控系统上传到 ISCS。

节能控制柜至温度巡检仪就地接线箱，温度巡检仪就地接线箱至回排风机轴温 PT100 之间的电缆敷设及接线由常规机电安装单位负责，设备供应商负责提供技术指导并配合调试。

3 高效智能环控系统的方案实施

高效智能环控系统的调试是实现其节能目标的关键技术环节，涵盖了单机调试、综合联调、精细化调试和验证检测四个阶段。与传统空调系统的调试流程相比，本系统调试特别强调了精细化调试和验证测试两个环节的引入，以确保系统的高效性和准确性。

系统的正常调试周期为三个月/站点，包括58项功能验证和24项精细化调试任务。这些任务实现设备设置正确动作到位、传感安装正确标定到位、控制接口正确通信到位、节能策略正确运作到位、信息采集正确数据到位，从而全面达成设计预期的功能。

在工程竣工验收并投入运营前，完成全功能验证和精细化调试对于系统顺利投运并产生预期效益至关重要。这不仅是系统调试成功的标志，也是确保系统长期稳定运行和经济效益的前提。

完成精细化调试并进入空调季后，第三方验证机构将对所有车站的空调系统进行能效达标情况的验证检测。只有当系统满足合同中规定的能效指标要求时，才能完成能效达标交付，标志着系统调试的最终成功。

接下来将深入探讨高效智能环控系统调试的各个阶段，详细阐述其技术细节、实施策略以及对系统性能和能效的具体影响，期望能够为相关领域的专业人士提供参考和启发。

3.1 调试优化

3.1.1 单机调试方案

1. 节能控制柜单机调试方案

1）节能控制柜检查

（1）控制柜试运行前，检查配电箱柜外观检查、箱柜内有无杂物，安装是否符合质量评定标准，颜色、铭牌号是否齐全；

（2）低压断路器测试：一般性检查；电磁脱扣器通电试验；

（3）双金属片热继电器测试：一般性检查；动作值试验；

（4）接触器测试：一般性检查；接触器的动作试验；

（5）变频器测试：一般性检查；变频器的电气性能试验；

（6）二次接线绝缘电阻测试：二次回路的绝缘电阻值必须大于1MΩ（用500V兆欧表检查）。

（7）二次接线交流耐压试验：箱柜的交流工频耐压试验。当绝缘电阻值大于10MΩ时，用2.5kV兆欧表测试1min，应无闪络击穿现象；当绝缘电阻在1MΩ～10MΩ时，做1000V交流工频耐压试验，时间1min，应无闪络击穿现象。

（8）箱柜保护装置的动作试验：先用电阻表或万用表的欧姆挡测量线圈是否通路；用500V兆欧表测量继电器所有导电部分和附近金属部分的绝缘电阻，按照下列内容逐项测试：接点对线圈的绝缘电阻，校验电磁铁与线圈间的绝缘电阻，线圈之间、接点之间及其他部分的绝缘电阻，绝缘电阻一般不应低于0.5MΩ。检查时间继电器启动系统动作的平稳均匀性，检查时可用手将电磁铁的铁芯压下使钟表机械动作，观察机械部分是否灵活，有无卡住现象，接点是否接触得良好，然后将电磁铁的铁芯放开，继电器可动部分应立即返回原来位置。

（9）控制回路模拟动作试验：断开电气线路的主回路开关出线处，电动机等电气设备不受电，接通控制电源，检查各部门的电压是否符合规定，信号灯继电器等工作是否正常；操作各按钮或开关，相应的各继电器、接触器的吸合和释放都应迅速，各相关信号灯指示要符合图纸要求；用人工模拟的方法启动各保护元件，应能实现迅速、准确、可靠的保护功能；手动各行程开关，检查其限位作用的方向性及可靠性；对设有电气联锁环节的设备，应根据原理图检查联锁功能。

（10）送电空载运行24h，无异常现象，经业主检查确认后，项目部及业主各报一份存档。

2）控制柜内线路自检

（1）检查。

（2）断开配电柜总开关，合上给控制柜配电的空气开关。

（3）将控制柜内的空气开关合上（变压器空开除外）。

（4）用万用表检查柜内三相电、相线与零线、相线与±24V，以及±24V，是否存在短路现象。若短路，需查找短路原因，并进行改线处理，直至无短路现象。

（5）用万用表检查控制柜内的主要元器件的电源（PLC、触摸屏、万能表、开关电源），是否有短路现象。若短路，需查找短路原因，并进行相应处理，直至无短路现象。

3）控制柜上电

（1）完成以上检查后，控制柜内已无短路现象，将配电柜给控制柜配电的空气开关、控制柜内所有空气开关断开。合上配电柜的总开关，查看电能表，是否三相均为380V。无误后，给控制柜上电。

（2）控制柜内，主回路的空气开关保持断开状态（注意：直接给设备配电的空气开关不能合上，保持断开状态）。用万用表测量三相进线电压，是否均为380V，零线与地线电压是否为0V，无误后，合上控制回路的空气开关。

（3）控制柜内元器件功能自检。

（4）保持主回路空气开关，设备（传感器，阀门等设备）配电空气开关处于断开状态。

（5）旁路和变频切换开关转置旁路位置时，旁路接触器吸合，旁路指示灯亮起；转至变频位置时，变频接触器吸合，变频指示灯亮起。

（6）旁路状态下，按下启动按钮，被控回路中的马保工作输出，运行指示灯亮起，按下停止按钮，马保停止工作，运行指示灯灭。

（7）变频状态下，按下启动按钮，被控回路中的变频器启动，运行指示灯亮起，按下停止按钮，变频器停止，运行指示灯灭。

4）设备上电

（1）以上调试均正常后，联系设备厂家以及现场安装接线人员一同到现场给设备上电；

（2）上电前需同施工方电工负责人确认线路两端有无接好，线缆有无外露及是否有接线工作进行中；

（3）闭合控制柜内给设备供电的空气开关，短时间启动设备，观察设备是否正常运行；

（4）设备无法启动应立即停止，断开供电开关，检查主回路，控制回路接线是否正确，有无松动、漏接、错接；

（5）设备启动正常后，开始校对PLC信号点是否与图纸一致。

2. 电动蝶阀单机调试方案

手动调试和站级调试应逐台进行模拟动作试验或真实动作试验。

1）调试前需具备的条件

（1）阀体已安装完毕，阀门安装位置、方向、口径、公称压力均符合设计要求；

（2）阀门与管道连接通过水压试验检测为紧密状态；

（3）电动执行器的电源线、信号线接线正确。

2）调试步骤与方法

（1）先将手自动切换开关切换至手动状态；

（2）用按钮操作阀门的开启、关闭，阀门灵活，开启、关闭均能到位；

（3）检查阀门关闭时是否有渗漏现象，如有，立即处理或通知厂家修理或更换。

3. 空调水泵单机调试方案

1）运转条件

（1）水泵经机械调整固定，手动盘车试验转动部分灵活无卡阻现象；

（2）管道及附件安装完毕，水压试验合格，系统冲洗管道内污物，排放干净；

（3）电气控制，保护系统设备调试完毕，可带电运行；

（4）系统中其他设备连接完毕，具备通水条件。

2）启动试运转

（1）管道充水并排除管内空气，水泵出口蝶阀处于全关闭状态。

（2）通电启动水泵并检查电机转向。

（3）水泵运转并记录泵的最大输出水压，逐渐开启泵出口蝶阀至全开位置，使水泵满负荷运转。调整填料压盖的松紧程度，以有滴状渗漏为宜。

（4）检查机械运转情况，各连接部分有否松动或泄漏，测定电机定子电流。

（5）水泵带负荷试运转在电动机空载试验合格后进行；试运转持续时间2h以上。测量轴承温升和填写试运转记录。水泵的滚动轴承运转时的温度不高于75℃；滑动轴承的运转温度不高于70℃。

4. 冷却塔单机调试方案

冷却塔试运转时，应检查风机的运转状态和冷却水循环系统的工作状态，并记录运转中的情况及有关数据；如无异常现象，连续运转时间应不少于2h。为空调制冷设备的试运转创造条件。

（1）检查喷水量和吸水量是否平衡，及补给水和集水池的水位等运行状况。

（2）测定风机的电动机启动电流和运转电流，并控制运转电流在允许的范围内。

（3）检查冷却塔产生过大的振动的噪声原因。

（4）测定风机轴承的温度。

（5）检查喷水的偏流状态。

（6）测定冷却塔出入口冷却水的温度，如冷却塔与空调制冷设备联合试运转，可分析冷却塔的冷却效果。冷却塔在试运转过程中，随管道内残留的和随空气带入的泥沙尘土会沉积到集水池底部，因此试运转工作结束后应清洗集水池。冷却塔试运转后如长期不用时，应将循环管路及集水池内的水全部放出，防止冻坏设备。

5. 冷水机组单机调试方案

冷水机组的第一次启动与设备试运转应由厂家技术人员完成；安装方的第一次启动冷水机组必须在厂家技术人员的指导下进行。

1）调试的条件

（1）机房清扫干净，通风状态良好，冷冻水、冷却水均已通水试验合格管道冲洗结束；

（2）机组的电源及自动调节系统的仪表整定合格继电保护系统的整定数据正确；

（3）制冷机房的电气设备及主回路已通过检查与测试。空调水系统的附件设备已安装完成。

2）调试过程

（1）开机：启动冷却水泵、冷却塔风机、冷冻水泵、制冷机，检查冷冻、冷却水的流量是否符合设计要求。检查压缩机转向是否正确，并注意油压表上的油压差。

（2）检查机组的运行工况：参见冷水机组使用说明书对机组的湿度、压力、水流量、油位及冷媒液位进行检查，使机组处于正常工作状况，并调整冷媒的充注量，以获得机组的最佳性能。

（3）冷冻水的温度核准：调节冷冻水恒温控制器直至冷冻水的温度与设计温度保持一致。如一切正常冷水机组应连续运转 8~24h。

6. 组合式空调机组、柜式风机盘管机组单机调试方案（EC 风机）

（1）首先检查 EC 风机固定螺栓是否松动，机壳内有无杂物。检查空调各功能段。检查接线端子是否松动、接地保护线是否妥当。

（2）EC 风机内置变频，现场不可用绝缘、耐压测试设备测试绝缘。

（3）打开、关闭相应阀门（详见各站空调原理图）。

（4）点动风机后立即停止，检查是否正常、有无异常声音。

（5）检查风机的旋转方向与机壳上箭头所示方向一致，转动部分是否无剐擦等现象。

（6）风机启动时，用钳形电流表测量电动机的启动电流，待风机正常运转后再测量电动机的运转电流。如运转电流值超过电机额定电流值时，将总风量调节阀逐渐关小，直到回降到额定电流值。

（7）风机经试运转检查一切正常后，连续运转时间 2h 以上。

（8）停车检查。

（9）数据记录、分析及汇总。

（10）调试结束后，填写试验记录，并经驻地监理工程师签字确认。

本工程车站各空调 EC 风机均参照上述程序进行调试。

7. 小新风机、回排风机单机调试方案

风机的就地控制和车站控制的切换在节能柜操作面板上实现，在风机附近实现一键停机功能。

调试程序如下：

（1）首先检查风机风叶是否损坏，紧固叶片螺栓是否松动，机壳内有无杂物。检查

3 高效智能环控系统的方案实施

软接头连接情况，看是否牢固，压条是否稳妥。检查接线端子是否松动、接地保护线是否妥当。

（2）绝缘复测。

（3）点动风机后立即停止，检查叶轮与机壳有无摩擦和听声音是否正常、有无异常声音。

（4）检查风机的旋转方向与机壳上箭头所示方向一致，风机正反转是否正确，转动部分是否无剐擦等现象。

（5）风机启动时，用钳形电流表测量电动机的启动电流，待风机正常运转后再测量电动机的运转电流。如运转电流值超过电机额定电流值时，将总风量调节阀逐渐关小，直到回降到额定电流值。

（6）风机经试运转检查一切正常后，连续运转时间2h以上。

（7）停车检查。

（8）数据记录、分析及汇总。

（9）调试结束后，填写试验记录，并经驻地监理工程师签字确认。

本工程通风空调系统各类送/排风机等均参照上述程序进行调试。

3.1.2 综合联调

1. 智能环控全系统功能验证

高效智能环控系统基本功能测试主要包含冷冻机房设备自动开机流程、自动关机流程、BAS一键开关机测试、空调水系统模式执行测试、空调大系统模式执行测试、空调小系统模式执行测试、智能环控火灾联动测试等。

将高效智能环控系统节能柜各设备切换到远程状态、各智能手操箱切换到远程状态、上位机各设备切换到模控状态，上位机权限选择到IECS权限，然后按下列流程开始测试：

1）冷冻机房自动开机流程

操作步骤：上位机下发水系统模式号：W1，开启冷水机组冷凝侧电动蝶阀，蒸发侧电动蝶阀及冷却塔进出水蝶阀→开启冷冻水泵、冷却水泵→确认冷冻水泵和冷却水泵均运行→开冷水机组→根据冷却水总管温度值来判断开启冷却塔。

2）冷冻机房自动关机流程

操作步骤：上位机下发水系统模式号：W4，关闭冷水机组→延时关闭冷却水泵、冷却塔→延时关闭机组冷凝侧电动蝶阀→延时关闭冷冻水泵→延时关闭机组蒸发侧电动蝶阀。

3）水系统模式W1测试，开启一台冷水机组

操作步骤：上位机下发水系统模式号为W1，观察水系统模式对照表，模式执行是

否成功。

4）水系统模式 W2 测试，开启两台冷水机组

操作步骤：上位机下发水系统模式号：W2，观察水系统模式对照表，模式执行是否成功。

5）水系统模式 W3 测试，夜间停机

操作步骤：上位机下发水系统模式号：W3，观察水系统模式对照表，模式执行是否成功。

6）水系统模式 W4 测试，全停模式

操作步骤：上位机下发水系统模式号：W4，观察水系统模式对照表，模式执行是否成功。

7）大系统模式 DX1：小新风模式测试

操作步骤：上位机下发大系统模式号：DX1，观察大系统模式对照表，模式执行是否成功。

8）大系统模式 DX2：全新风模式测试

操作步骤：上位机下发大系统模式号：DX2，观察大系统模式对照表，模式执行是否成功。

9）大系统模式 DX3：通风模式测试

操作步骤：上位机下发大系统模式号：DX3，观察大系统模式对照表，模式执行是否成功。

10）大系统模式 DX4：夜间停机模式测试

操作步骤：上位机下发大系统模式号：DX4，观察大系统模式对照表，模式执行是否成功。

11）大系统模式 DX5 全停模式测试

操作步骤：上位机下发大系统模式号：DX5，观察大系统模式对照表，模式执行是否成功。

12）小系统 A1 模式 XA1：小新风模式测试

操作步骤：上位机下发小系统 A1 模式号：XA1，观察小系统 A1 模式对照表，模式执行是否成功。

13）小系统 A1 模式 XA2：全新风模式测试

操作步骤：上位机下发小系统 A1 模式号：XA2，观察小系统 A1 模式对照表，模式执行是否成功。

14）小系统 A1 模式 XA3：通风模式测试

操作步骤：上位机下发小系统 A1 模式号：XA3，观察小系统 A1 模式对照表，模式执行是否成功。

15）小系统 A1 模式 XA00：全停模式测试

操作步骤：上位机下发小系统 A1 模式号：XA00，观察小系统 A1 模式对照表，模式执行是否成功。

16）智能环控火灾联动测试

操作步骤：智能环控火灾联动测试，智能环控收到硬接线火灾信号或 BAS 发来火灾信号后迅速关停空调水系统和空调大系统。

2. 综合监控联调功能验证测试

综合监控联调功能验证主要包含综合监控下发空调水系统 BAS 一键开关机测试、空调大系统 BAS 下发模式执行测试、空调小系统 BAS 下发模式执行测试、智能环控火灾联动测试等。

将高效智能环控系统节能柜各设备切换到远程状态、各智能手操箱切换到远程状态，上位机各设备切换到模控状态，上位机权限选择到 SICS 权限，然后按下列流程开始测试：

1）综合监控下发水系统一键开机信号测试

操作步骤：综合监控下发水系统一键开机信号：高效智能环控系统开始执行 W1 模式，开启冷水机组冷凝侧电动蝶阀，蒸发侧电动蝶阀及冷却塔进出水蝶阀→开启冷冻水泵、冷却水泵→确认冷冻水泵和冷却水泵均运行→开冷水机组→根据冷却水总管温度值来判断开启冷却塔→观察水系统模式对照表，模式执行是否成功。

2）综合监控下发水系统一键关机信号测试

操作步骤：综合监控下发水系统一键关机信号：高效智能环控系统开始执行 W4 模式，关闭冷水机组→延时关闭冷却水泵，冷却塔→延时关闭机组冷凝侧电动蝶阀→延时关闭冷冻水泵→延时关闭机组蒸发侧电动蝶阀，观察水系统模式对照表，模式执行是否成功。

3）综合监控下发大系统模式 DX1：小新风模式测试

操作步骤：综合监控下发大系统模式号：DX1，观察大系统模式对照表，模式执行是否成功。

4）综合监控下发大系统模式 DX2：全新风模式测试

操作步骤：综合监控下发大系统模式号：DX2，观察大系统模式对照表，模式执行是否成功。

5）综合监控下发大系统模式 DX3：通风模式测试

操作步骤：综合监控下发大系统模式号：DX3，观察大系统模式对照表，模式执行是否成功。

6）综合监控下发大系统模式 DX4：夜间停机模式测试

操作步骤：综合监控下发大系统模式号：DX4，观察大系统模式对照表，模式执行是否成功。

7）综合监控下发大系统模式 DX5 全停模式测试

操作步骤：综合监控下发大系统模式号：DX5，观察大系统模式对照表，模式执行是否成功。

8）综合监控下发小系统 A1 模式 XA1：小新风模式测试

操作步骤：综合监控下发小系统 A1 模式号：XA1，观察小系统 A1 模式对照表，模式执行是否成功。

9）综合监控下发小系统 A1 模式 XA2：全新风模式测试

操作步骤：综合监控下发小系统 A1 模式号：XA2，观察小系统 A1 模式对照表，模式执行是否成功。

10）综合监控下发小系统 A1 模式 XA3：通风模式测试

操作步骤：综合监控下发小系统 A1 模式号：XA3，观察小系统 A1 模式对照表，模式执行是否成功。

11）综合监控下发小系统 A1 模式 XA00：全停模式测试

操作步骤：综合监控下发小系统 A1 模式号：XA00，观察小系统 A1 模式对照表，模式执行是否成功。

12）智能环控火灾联动测试

操作步骤：智能环控火灾联动测试，智能环控收到硬接线火灾信号或 BAS 发来火灾信号后迅速关停空调水系统和空调大系统。

3.1.3 精细化调试

1. 冷冻水泵调频测试步骤

（1）测试项目：冷冻机房自动开机情况下修改冷冻水泵温差设定点（例如从 7℃ 修改为 5℃）。

判断是否合格的条件：检查冷冻水泵频率是否上升，记录上升数据。

冷冻水温差：主机冷冻水进水温度－主机冷冻水出水温度。

（2）测试项目：冷冻机房自动开机情况下修改冷冻水泵温差设定点（例如从 5℃ 修改为 7℃）。

判断是否合格的条件：检查冷冻水泵频率是否下降，记录下降数据。

冷冻水温差：主机冷冻水进水温度－主机冷冻水出水温度。

（3）测试项目：冷冻机房自动开机情况下修改冷冻供回压差设定点（设定点增大）。

判断是否合格的条件：检查冷冻水泵频率是否上升，记录上升数据。

冷冻水压差：冷冻水总管供水压力－冷冻水总管回水压力。

（4）测试项目：冷冻机房自动开机情况下修改冷冻供回压差设定点（设定点减小）。

判断是否合格的条件：检查冷冻水泵频率是否下降，记录下降数据。

冷冻水压差：冷冻水总管供水压力－冷冻水总管回水压力。

2. 冷却水泵调频测试步骤

（1）测试项目：冷冻机房自动开机情况下修改冷却水泵温差设定点（例如从5℃修改为4℃）。

判断是否合格的条件：检查冷却水泵频率是否上升，记录上升数据。

冷却水温差：主机冷却水进水温度－主机冷却水出水温度。

（2）测试项目：冷冻机房自动开机情况下修改冷冻水泵温差设定点（例如从4℃修改为5℃）。

判断是否合格的条件：检查冷却水泵频率是否下降，记录下降数据。

冷却水温差：主机冷却水进水温度－主机冷却水出水温度。

3. 冷却塔调频测试步骤

（1）测试项目：冷冻机房自动开机情况下修改冷却塔逼近度设定点（从2.5℃修改为4℃）。

判断是否合格的条件：检查冷却塔频率是否下降，记录下降数据。

（2）测试项目：冷冻机房自动开机情况下修改冷却塔逼近度设定点（从4℃修改为2.5℃）。

判断是否合格的条件：检查冷却塔频率是否上升，记录上升数据。

冷却塔根据室外湿球温度＋逼近度控制。测试时为了看到明显变化，修改值可以加大。

4. 压差旁通阀调节测试步骤

（1）测试项目：冷冻机房自动开机情况下压差旁通阀在压差控制模式下，修改压差设定点（设定点改大）。

判断是否合格的条件：检查压差旁通阀是否关小，记录阀开度记录。

冷冻水压差：冷冻水总管供水压力－冷冻水总管回水压力。

（2）测试项目：冷冻机房自动开机情况下压差旁通阀在压差控制模式下，修改压差设定点（设定点改小）。

判断是否合格的条件：检查压差旁通阀是否开大，记录阀开度记录。

冷冻水压差：冷冻水总管供水压力－冷冻水总管回水压力。

（3）测试项目：检查各站分集水器压差旁通阀功能是否正常，需根据车站A、B端距离、水量等情况调整压差旁通阀的开启速率、开度等参数，使冷水系统在关站、夜间等工况下仍然满足冷水机组和末端设备的用水需求。

判断是否合格的条件：检查压差旁通阀是否满足关站、夜间等工况下冷水机组和末端设备的用水需求。

5. 二通调节阀调节测试步骤

（1）大系统二通调节阀根据组合式空气处理设备送风温度控制，需进行以下测试步骤：

①A端送风温度设定值修改测试

测试项目：冷冻机房自动开机情况下，大系统在小新风模式下，修改A端送风温度设定值（设定值改小）。

判断是否合格的条件：检查A端大系统二通调节阀是否开大。

记录数据：阀门开度。

②A端送风温度设定值反向修改测试

测试项目：冷冻机房自动开机情况下，大系统在小新风模式下，修改A端送风温度设定值（设定值改大）。

判断是否合格的条件：检查A端大系统二通调节阀是否开小。

记录数据：阀门开度。

③B端送风温度设定值修改测试

测试项目：冷冻机房自动开机情况下，大系统在小新风模式下，修改B端送风温度设定值（设定值改小）。

判断是否合格的条件：检查B端大系统二通调节阀是否开大。

记录数据：阀门开度。

④B端送风温度设定值反向修改测试

测试项目：冷冻机房自动开机情况下，大系统在小新风模式下，修改B端送风温度设定值（设定值改大）。

判断是否合格的条件：检查B端大系统二通调节阀是否开小。

记录数据：阀门开度。

（2）小系统柜式空气处理设备二通调节阀根据回风温度控制，小系统新风空气处理设备二通调节阀根据送风温度控制。

①小系统A1回风温度设定值修改测试

测试项目：冷冻机房自动开机情况下，小系统A1在小新风模式下，修改小系统回风温度设定值（设定值改小）。

判断是否合格的条件：检查小系统A1二通调节阀是否开大。

记录数据：阀门开度。

②小系统A1回风温度设定值反向修改测试

测试项目：冷冻机房自动开机情况下，小系统A1在小新风模式下，修改小系统回风温度设定值（设定值改大）。

判断是否合格的条件：检查小系统A1二通调节阀是否开小。

记录数据：阀门开度。

6. 冷水机组夜间低负荷自动启停测试步骤

通过修改冷水机组出水温度目标值、冷机开机复归温差、冷冻水泵长延时时间设定，达到夜间低负荷情况下冷水机组启停频次低于 1 小时 1 次的目标。

测试项目：冷冻机房自动开机情况下，夜间低负荷情况下冷水机组启停频次低于 1 小时 1 次。

判断是否合格的条件：冷冻机房自动开机情况下，夜间低负荷情况下冷水机组启停频次低于 1 小时 1 次。

3.2 自检验收

3.2.1 节能验收方案

1. 节能检验要求

（1）高效智能环控系统现场单机调试及 IECS 与所受控对象联合调试完成（由高效智能环控系统供货商负责）。

（2）高效智能环控系统精细化调试完成（由高效智能环控系统供货商负责）。

在上述条件具备后，由国家级第三方检测机构进行 1 个完整的空调制冷季的节能检验，检验的结果应不低于节能考核目标要求。

2. 第三方检验报告主要的测试和评价范围

（1）传感器、仪表计量和标定准确性的审核，由国家级第三方检测机构提供现场标定证书。

（2）节能数据处理过程的有效性，由国家级第三方检测机构提供现场标定或认可。

（3）测试方法和国家标准、规范的符合性。

3.2.2 节能检验流程

1. 节能检验方案编制与审核

节能检验方案编制完成后提交监理单位及业主单位审核，审核通过方可按检测方案执行检测。

2. 传感器、仪表现场标定

国家级第三方检测机构到所有车站现场对传感器、仪表计量进行标定，标定后提供现场标定证书。

在传感器、仪表现场标定过程中，需注意以下原则：

（1）智能环控控制系统智能电测量仪表、水温传感器、温湿度传感器、电磁流量计、室外气象监测站等均需由国家级第三方检测机构完成现场标定，标定过程及结果需形成文件记录。

（2）智能环控控制系统配置的传感器较多，原则上对参与检测车站温湿度、室外气象的传感器，参与制冷机房全系统COP计算的传感器（如冷水机组冷水出水温度、冷却水出水温度、冷水电磁流量计、冷却水电磁流量计等），参与制冷机房节能控制的关键传感器，参与制冷机房全年平均综合制冷能效系数（COP机房）、空调系统全年平均能效系数（TCOP）计算的所有智能电测量仪表进行现场标定。

（3）厂家须根据以上需求在节能检验方案中列出需现场标定的传感器、仪表清单。

3. 飞行检验

厂家应安排国家级第三方检测机构专业人员到车站进行飞行检验，在一个完整空调季进行飞行检验2次（第一次含传感器、仪表现场标定），每次飞行检验须对以下所有描述内容做全面现场复检并形成文件记录。

智能环控控制系统能效相关的数据及处理过程需真实、准确，厂家需提供智能环控控制系统能效计算过程数据的国家级第三方检测机构提供的现场标定文件或认可文件。主要包括冷水机组瞬时冷量计算过程、冷水机组瞬时COP计算过程、温度巡检仪制冷机房瞬时COP计算过程、空调机房瞬时COP计算过程、制冷机房瞬时功率计算过程、空调全系统瞬时功率计算过程。

智能环控控制系统能效相关的历史累计数据及处理过程需真实、准确，厂家需提供智能环控控制系统能效相关的历史累计数据及处理过程的国家级第三方检测机构提供的现场标定文件或认可文件。主要包括冷水机组累计制冷量、制冷机房累计制冷量、各台设备的累计用电量、制冷机房累计用电量、空调系统累计用电量、冷水机组累计综合能效比、制冷机房累计综合能效系数、空调系统累计平均能效系数等，历史累计数据应不可篡改，真实有效。

4. 最终检验形成

在一个完整的空调季结束后，按节能检验方案安排国家级第三方检测机构进行高效智能环控系统完整制冷机房全年平均综合制冷能效系数（COP机房）、空调系统全年平均能效系数（TCOP）的检验，并由国家级第三方检测机构出具标定或认可。

3.3 16号线高效智能环控系统节能示范案例

深圳地铁四期工程16号线，22座车站2022年底开通已经开通运行满一年，从2023年1月至2023年11月，经过第三方检测单位合肥通用机电产品检测院有限公司对机房能效及全系统能效进行计量检测，各站能效检测结果统计如图3.3-1及表3.3-1所示。

3 高效智能环控系统的方案实施

图 3.3-1 机房能效及全系统能效检测结果

表 3.3-1 16 号线机房能效及全系统年均能效比统计表

站点	制冷机房年均能效比	空调系统年均能效比
全线平均	5.6	3.7

经过汇总，2023 年 1~11 月，深圳地铁 16 号线共 22 个车站第三方检测的 COP、SCOP 平均值分别如表 3.3-2 所示。

表 3.3-2 16 号线机房能效及全系统能效检测统计表

线路	机房能效 COP（1~11月）	空调系统能效 SCOP（1~11月）	机组选型
16 号线	5.76	3.46	磁悬浮冷水机组 变频直驱离心式冷水机组

对 16 号线各站 2023 年 3~11 月制冷季空调系统用电量汇总结果如图 3.3-2 及表 3.3-3 所示。

111

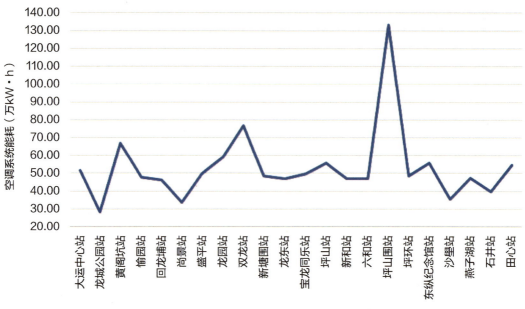

图 3.3-2 16 号线各站 2023 年 3~11 月份制冷季空调系统用电量示意图

表 3.3-3 16 号线 2023 年 3~11 月空调能耗统计表

16 号线	空调系统能耗（kW·h）
16 号线平均每站空调能耗	531236
16 号线全线 23 年空调总能耗	11687195

通过对 16 号线运行数据统计及计算，平均空调面积年单位能耗情况如表 3.3-4 所示。

表 3.3-4 16 号线单位面积空调能耗统计表

站点	空调面积（m²）	全年空调能耗（万 kW·h·a）	年单位面积能耗（kW·h/m²·a）
深圳地铁 16 号线智能环控站点	154100	1168.72	75.84

深圳地铁 16 号线 22 座车站采用基于云技术的轨道交通高效环控（空调）系统关键技术，其平均节能率约为 41.9%，计算基础数据及计算方法如下：

（1）常规地铁制冷机房系统能效比为 3，常规地铁空调系统能效比为 2.15。

（2）制冷机房节能率 =（$a/3 - a/16$ 号线制冷机房年均能效比）/（$a/3$）= $1 - 3/16$ 号线空调系统能效比；

（3）空调系统节能率 =（$a/2.15 - a/16$ 号线空调系统年均能效比）/（$a/2.15$）= $1 - 3/16$ 号线空调系统年均能效比。

注：a 为总制冷量（kW·h）。

3 高效智能环控系统的方案实施

电价按 0.85 元/度考虑。

16 号线制冷机房、空调系统能效及节能率情况统计表格如表 3.3-5、表 3.3-6 所示。16 号线各站空调系统节能率如图 3.3-3 所示，16 号线各站空调系统年节省运营能耗及费用示意如图 3.3-4 所示。

表 3.3-5 16 号线制冷机房能效及节能率统计表

16 号线制冷机房能效	能效比	节能率
制冷机房年均能效比全线最高值	6.11	50.9%
制冷机房年均能效比全线最低值	5.05	40.6%
制冷机房年均能效比全线平均值	5.6	46.4%

表 3.3-6 16 号线空调系统能效及节能率统计表

16 号线空调系统能效	能效比	节能率
空调系统年均能效比全线最高值	4.05	46.9%
空调系统年均能效比全线最低值	3.45	37.7%
空调系统年均能效比全线平均值	3.7	41.9%

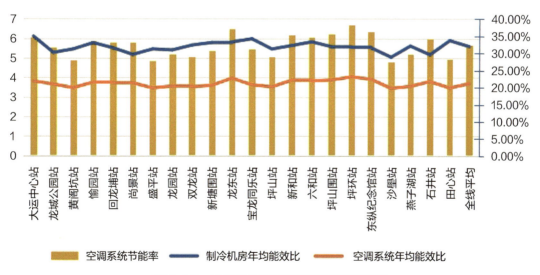

图 3.3-3 16 号线各站空调系统节能率示意图

图 3.3-4　16 号线各站空调系统年节省运营能耗及费用示意图

4 高效智能环控系统关键技术与创新

深圳地铁四期高效智能环控系统工程建设期间,开展了多项关键技术的研究与应用,涵盖了基于云技术的智能环控控制系统应用与研究、设备创新技术路线应用与研究、建立六大智能环控系统标准体系,体现了与传统空调系统所不同的前瞻性思维和创新方法。

具体而言,智能环控控制系统的云技术应用,不仅优化了控制流程,还提高了系统的响应速度和精确度。设备创新技术路线的应用与研究,推动了高效节能技术的发展,如磁悬浮冷水机组和永磁同步电机冷却塔等,这些技术的应用大幅度提升了能效比。

此外,深圳地铁四期工程中智能环控系统的建设,还包括了从设计、设备、计量到控制等方面的全面优化,目的在于实现全年运行工况下的节能目标,这一系列措施预计将节约大量资金并减少能耗,推动了轨道交通向绿色低碳转型的发展。

通过这些关键技术的研究与应用,深圳地铁四期工程的高效智能环控系统工程建设,不仅提升了地铁运营的能效和环保水平,还为城市轨道交通领域提供了宝贵的经验和技术参考。

4.1 基于云技术的智能环控控制系统

4.1.1 智能环控控制系统上云技术

上云可以简单划分为以下几种场景,一种需要云计算资源来运行应用或服务;另一种,需要和云进行数据交互;还有一种,就是需要云平台提供的服务能力来帮助自己的业务系统进行开发建设;这里将分别介绍这几种情况下如何使用云。NOCC 生产云分为线路云与线网云,两朵云针对不同的应用场景提供了不同的云服务能力。

1. 线网云

线网云提供三种云计算资源：容器、虚拟化、裸金属。线网云优先提供容器计算资源。线网云原则上不提供裸金属计算资源，如有特殊业务诉求，经过审批同意后，才可申请裸金属计算资源。

1）线网云提供的操作系统资源

Windows Server 2019、Red Hat8 企业版以及银河麒麟高级服务器操作系统 V10。

2）线网云提供的数据库资源

Oracle 19c、RDS MySQL、SQL Server 2019。

2. 线路云

线路云提供三种云计算资源：虚拟化、裸金属、云桌面（图 4.1-1）。

1）线路云提供的操作系统资源

Windows Server 2019、Red Hat8 企业版以及银河麒麟高级服务器操作系统 V10。

2）线路云提供的数据库资源

Oracle 19c、MySQL、SQL Server 2019。

图 4.1-1　云桌面

3. 云主机

云主机是整合了计算、存储与网络资源的 IT 基础设施能力租用服务，能提供基于云计算模式的按需使用和按需付费能力的服务器租用服务。用户可以通过 Web 界面的自助服务平台，部署所需的服务器环境。云计算管理平台基于业界的虚拟化基础架构，实现了数据中心 IaaS 云计算环境的中央管理控制，以简洁的管理界面，统一管理数据中心内所有的物理资源和虚拟资源，不仅能提高 IT 人员的管理能力、简化日常例行工作，更可降低 IT 环境的复杂度和管理成本。

云主机产品特点如下：

1）自助服务

通过基于浏览器的自服务界面，客户可远程集中管理分布在不同数据中心的云服务器，省心省力。

2）弹性云计算

云主机采用的是弹性云计算平台，若要扩容或者是升级都是很容易很快速的。

3）高可靠性

主机服务支持备份与恢复，包括快照和备份。

4）快速供应

提供多种操作系统和应用标准镜像，需求无论是一台还是百台、Windows 还是 Linux，均可实现瞬时供应和部署。

4. 云桌面

NOCC 生产云提供基于 VDI（Virtual Desktop Infrastructure）及 IDV（Intelligent Desktop Virtualization）混合架构的桌面虚拟化产品，通过云桌面管理平台将虚拟化的桌面组件（包括应用软件、操作系统和用户数据等）转移在云数据中心进行托管，并进行统一管理、集中控制，使用瘦终端、PC、胖终端等设备访问桌面操作系统，给用户提供与 PC 机类似的使用体验。

云桌面产品特性如下：

1）PC 的用户使用体验

不改变用户的登录、开机和关机习惯。VDI 桌面连接协议针对桌面图像传输进行了深度优化，实现桌面秒级登录，可大幅提升桌面访问体验。

2）完美的软件兼容性

提供软件兼容性列表，兼容主流的应用和杀毒软件。行业类的软件（如：C/S 和 B/S 类应用软件）兼容性齐备。通过 GPU 直通／硬件虚拟化技术，可满足工业制图等专业级应用的性能需求，支持常见的主流制图软件，如：3DSMax、AutoCAD、ProE 等。对于极为特殊的行业应用，可针对性地做定制化适配。

3）流畅的视频体验

通过视频重定向技术，大幅提升用户的视频体验，可有效降低视频解码对服务器的资源开销，并支持高密度的视频并发场景。

4）广泛支持各类外设

自主研发的外设重定向核心技术，保持和 PC 一样的总线通道，用户可以像在 PC 一样使用打印机、扫描仪、Ukey 等外设。

5. 生产云

生产云由主中心和备中心构成，主中心坐落于深云车辆段 NOCC 大楼 A 栋 14 层的数据机房，而备中心则位于昂鹅车辆段 4 楼的数据中心机房。该云服务专门针对轨道交通网络化运营设计，负责承载线路级和线网级的生产业务。它为保障轨道交通线路安全、准时运营的各类系统，如"生产调度系统""生产管理系统"以及智慧运维系统，提供必要的云计算服务。智慧运维系统作为支撑系统，负责向管理云提供相关数据。

随着业务需求的发展，生产云不断迭代演进，各部分互不干扰。通过统一的云管理平台，实现了深圳地铁"城轨云"的统一管理。系统架构集成了统一的软硬件管理功能，以满足日常管理需求，并适应管理的快捷与便利性。线路区云平台和桌面云均采用 H3C 产品。此外，系统还设置了与其他非云平台承载应用系统的物理接口，以实现信息共享。

应用云计算的业务系统（包括综合监控系统、综合安防系统、乘客信息系统、车场智能化系统、高效智能环控系统、电扶梯智能运维系统、接触网可视化系统等）由"生产云"平台承载，其接口位于生产云数据中心的光纤配线架侧。

生产云为上述业务系统提供：

（1）云计算资源池，实现线路业务系统的灵活部署。计算资源池部署统一的操作系统，类型包括 Windows（Windows Server 2019 Datacenter 和 Standard 版本）、Linux（Red Hat Enterprise Linux Server for Physical or Virtual Nodes，Premium；Red Hat Enterprise Linux for Virtual Datacenters，Premium）以及银河麒麟高级服务器操作系统 V10。

（2）为综合安防系统提供统一视频云存储资源池，实现线路安防视频统一存储。

（3）统一数据库资源池，提供 3 种数据库服务，包括 Oracle、MySQL 以及 SqlServer，满足线路业务系统接入。

（4）统一云安全资源池（含线网安全态势感知平台），线路业务系统网络安全、工业安全接入线网安全平台。线路业务在虚机中的防病毒软件由"生产云"统一部署。线路实施方需配合生产云线网级安全平台实施方完成上述接口功能。

（5）数据中台，包括微服务平台、AI 智能平台、敏捷软件生产流水线平台、跨平台应用开发平台、IOT 集成平台、GIS 服务平台、BIM 平台。同时线网平台构建统一数据湖，线路应用采用数据湖标准接口开发定位于本线路服务的增强型应用。

（6）统一的云桌面服务。提供线网 IP 规划，各线路需按 IP 规划接入，应遵循《深圳地铁数字化转型规划咨询项目 IP 地址规划报告》的要求。

6. 智能环控接入云技术

"生产云"为线路综合监控系统提供计算、数据库资源、数据中台资源以及云桌面资源，包括为综合监控业务系统提供计算及存储资源，资源以虚拟机形式提供；为综合监控系统服务提供数据库服务；为综合监控业务系统提供客户端服务；为综合监控系统提供数据中台的大数据基础工具服务。运营人员可通过智能环控控制系统云端操作（图 4.1-2）。

4 高效智能环控系统关键技术与创新

图 4.1-2　智能环控控制系统云端操作图

生产云提供的资源说明：

（1）提供计算及存储资源，资源以虚拟机形式提供。

综合监控中心实时服务、历史服务、能源管理服务虚拟机标准不低于 32 颗 vCPU、64G 内存、200G 存储，按照 5 个虚拟机标准配置；综合监控车站实时服务，按照 4 颗 vCPU、16G 内存、200G 存储，每站 2 个虚拟机标准配置。

综合监控中心安全管理服务器虚拟机标准不低于 8 颗 vCPU、256G 内存、10T 存储，满足日志存储六个月需求。

（2）提供数据库服务。

数据库资源池为综合监控系统服务提供数据库服务。综合监控专业须根据数据库接口标准，接入数据库资源池。

数据库类型包括：Oracle 19c、MySQL、SQL Server 2019。

（3）提供操作系统服务。

为业务系统部署批量授权的 Windows 操作系统和 Linux 操作系统，类型包括 Windows Server 2019、Red Hat8 企业版以及银河麒麟高级服务器操作系统 V10。

（4）提供云桌面服务。

云桌面资源池为综合监控系统提供客户端服务，为业务系统提供云桌面。

按照每站 2 套 ISCS 云桌面，控制中心 10 套调度员云桌面，网管 5 套云桌面提供，运维工班 10 套云桌面。（注：不包含瘦客户机）

（5）提供信息安全服务。

生产云按照等级保护三级标准构建。业务系统在虚机中所需要的防病毒软件由"生产云"统一部署。线路综合监控系统按照等级保护三级要求构建业务系统本身的工业安全防护系统，综合监控系统的工业安全防护系统应接入线网态势感知平台，实现线网工业安全统一管控。

（6）网络资源服务。

生产云设置了以太网接入系统，为上云专业和非云专业之间的互联互通提供了网络通道。

① 获取资源的说明

由综合监控根据生产云所能提供的资源类型向 NOCC 提出资源需求申请，NOCC 将根据综合监控所提出的需求合理分配计算及存储资源，并通过虚拟机形式发布。

② 接入生产云的说明

综合监控系统通过位于深云 A 栋 14 楼 NOCC 数据中心机房的综合监控工控云接入系统汇聚交换机，再接入到位于同机房的 11 号微模块机房（1-1、1-2 机柜）的核心骨干路由器，冗余链路，多模 40G/10G 光接口。综合监控系统分配资源到各站高效智能环控系统。

综合监控安装在数据中心机房的设备柜内布局按 NOCC 提供的模板，由综合监控承包商负责完成，统计机柜、设备用电等需求后提交至 NOCC 统一规划。

综合监控系统完成综合监控工控云接入系统汇聚交换机与 NOCC 系统核心骨干路由器之间的光纤跳线敷设及安装在中心微模块机房设备的机柜成套工作，施工工艺遵循 NOCC 标准。高效智能环控系统接入通过接入系统汇聚交换机来实现上云。接口界面如图 4.1-3 所示。

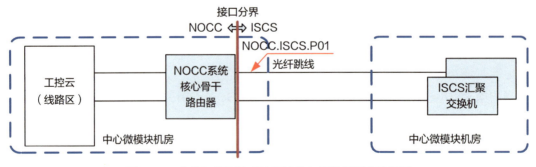

图 4.1-3 高效智能环控系统通过接入系统汇聚交换机图

4.1.2 地铁空调负荷模型预测

地铁空调系统的制冷能力取决于车站内的热负荷。地铁车站的热负荷由外界热量的流入（外部热负荷）和车站内部热源的散发（内部热负荷）共同构成。

1. 地铁车站内部热负荷的来源

地铁车站内部热负荷主要由地铁列车运行和大量乘客活动产生，是影响车站及隧道空间热环境的关键因素。在地铁高速运输系统中，主要热源包括：地铁列车运行时产生的热量（包括启动、行驶、加速、制动等过程中的热量）；地铁列车空调设备冷凝器的热量；以及乘客体温、车站机电设备、照明灯具、广告牌和售检票机等设备的热量。其中，列车运行和空调设备产生的热量约占总热量的三分之二，而其他设备产生的热量约占三分之一。

1）车站内部热负荷的第一和第二热源已得到控制

为了减少第一和第二热源对车站候车区域环境的影响，现代地铁车站普遍采用屏蔽门系统。该系统在站台与行车隧道之间安装屏蔽门，将两者分隔成两个相对独立的空间，有效隔绝了地铁列车运行产生的热量、噪声和气流对车站的影响，同时避免了车站冷空气进入区间隧道，减少了能量损失。屏蔽门不仅提升了车站环境的安静度、舒适度和安全性，还使车站空调负荷降低至闭式系统的22%至28%，具有安全、节能和美观等优点。

在车站站台层安装屏蔽门后，列车停靠时屏蔽门与车门同步开启，列车离开时屏蔽门关闭。区间隧道内的地铁列车产生的热量主要通过列车运行时产生的活塞风和站台下/轨道顶排热通风系统排除；在区间隧道发生阻塞或火灾时，则依靠通风系统提供新风或排烟。屏蔽门将车站候车区域与区间隧道行车区域分隔，有效阻隔了地铁列车运行和空调冷凝器产生的热量（即第一和第二热源）进入站台乘客候车区域。

2）车站内部热负荷主要来源于第三热源

车站内的热负荷主要来自第三热源，即乘客体温和车站照明灯具、广告牌、售检票机、电梯扶梯等设备的热量。

在地铁车站内，照明灯具、广告牌、售检票机、电梯扶梯等设备的数量是固定的，其产生的热量基本保持不变。然而，地铁的一个显著特点是乘客流动性极高，乘客持续地在上下车和进出站之间移动。人体散发的热量和湿气是地铁空调系统的主要负荷之一。地铁站内的人体散热和散湿量会随着站内乘客流量的增减而相应变化。

地铁车站的客流量不仅庞大，而且波动显著，存在明显的高峰时段和低谷时段。乘客流量的变化会导致空调负荷出现大幅度的波动，这种波动不仅随时间推移而变化，还因地铁车站所处的地理位置不同而有所差异。因此，地铁空调负荷始终处于不断变化之中，它紧随着乘客流动的动态和数量的改变而时刻调整。

2. 车站外部热负荷的来源

尽管地铁车站位于地下，但其出入口和新风井与外界大气环境相连通，因此外界气候的波动不可避免地会通过这些开放通道影响车站内的空调负荷。

众所周知，地球自转、昼夜交替以及季节变换导致室外气象条件持续变化，极不稳定。在这些气象因素中，空气温度和风速对地铁空调系统的负荷影响尤为显著。室外温度和风速的波动会导致地铁空调负荷相应地发生变化。

由于空调负荷的变化，地铁空调系统无法始终保持在设计负荷下运行。实际上，随着车站内外环境因素的不断变化，地铁空调系统是一个动态的、随负荷变化的系统，它具有明显的时变性特征，即负荷会随着时间而变化。

3. 地铁车站负荷的不稳定特性

地铁站内的空气环境通常受到地铁内部和外部两方面因素的干扰。地铁内部的干扰来自于各种工艺设备、电气设备、照明设备和人体等产生的热量和湿气；外部干扰则来自于内外空气温差通过空气通道传入的热量。在这些干扰因素中，有些是稳定的，不随时间变化；有些则是不稳定的，随时间变化。在空调系统中，不稳定的干扰因素会造成空调负荷的变化。

影响地铁空调负荷变化的不稳定因素主要有两个：一是地铁内部的乘客流量变化，二是地铁外部的气象因素，即室外天气和气候的变化。

因此，地铁站空调系统的主要任务是通过通风、空调等手段有效排除车站内的余热、余湿，为地铁乘客和工作人员营造一个安全、舒适的人工环境，为机电设备创造一个稳定可靠的工艺环境，以确保地铁列车正常安全地运行。

高效智能环控控制系统需基于对变化的负荷进行精准预测及对空调系统进行精准调控。

4.1.3 基于数据模型伴生及冷却塔主动寻优控制的智能环控控制技术

基于数据模型伴生及冷却塔主动寻优控制的智能环控控制技术，针对中央空调系统提出了一套基于数据模型伴生的仿真系统构架。针对中央空调系统的系统建模进行了动态化处理，增加了修正机制，利用空调系统的运行数据间断性地对空调系统的模型变量进行校验和修正，更好地贴合设备的实际运行工况，满足设备在运行过程中存在的性能衰减和匹配度下降的问题。基于中央空调系统的系统组成结构进行精细化建模，根据制冷系统的运行规律，建立基于制冷循环的数学迭代计算模型；同时基于空调系统的运行数据进行设备的运行特性数据挖掘和特征匹配，将制冷系统的循环换热过程黑盒化处理，分析各个测量数据之间的关系，建立测量参数与系统性能之间的人工神经元网络。相当于设备在运行过程中，采样的系统状态参量不仅可以通过数学模型进行仿真计算，还可以通过人工神经元网络进行数据校核，二者相辅相成，互相校验，形成了一套有效的基于数据模型伴生的仿真计算模式。通过这种互相博弈的模型设计可以有效地缩短对数据模型的完善时间和初期对物理模型的校验和修正时间。但是该方案仍旧不能实现无人值守，需要定期地进行人工甄别和维护，虽然有对应的程序段可以实现部分工况下的性能合理性判定，但是对设备运行中存在的突变工况或者突发情况不能有效地进行原因性的导向性分析。同时数据模型的建立需要进行多种模型的探讨和比较,合适的 BP-ANN 模型需要一定的数据积累。

基于站 A 已有数据进行相关性分析,并基于不同的相关系数选择值构建不同的输入组合,然后研究不同输入下的预测精度并确定各神经网络的最佳输入组合,最后在最佳输入下以 A 站已训练好的神经网络对 B 站进行负荷预测,同时以天为单位更新 B 站数据库,最终得到 B 站在不同数据库更新时段的预测表现。其研究路径及方法详见图 4.1-4。

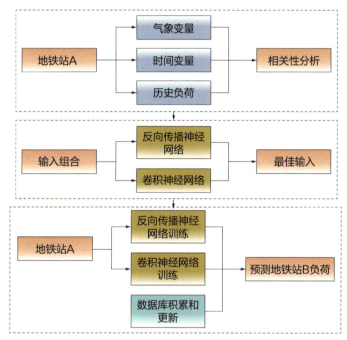

图 4.1-4　研究路径及方法

采用皮尔逊相关系数来衡量各变量与冷负荷间的相关性,其计算公式如式(4.1-1)所示,其计算数值在 −1 到 1 之间,数值正负分别代表正相关和负相关,数值大小代表相关性的强弱,0 则是完全不相关,一般来说,高于 0.2 的变量才认为是有相关性而被选取为输入。例如,在气象变量中,假设室外温度为 x,冷负荷为 y,当代入式 1 的计算结果大于 0.2 时,则室外温度被保留为输入变量,反之则输入中舍弃该变量,其余变量以此类推。

$$\rho_{xy} = \frac{\sum_{i=1}^{n}(x_i - \bar{x})(y_i - \bar{y})}{\sqrt{\sum_{i=1}^{n}(x_i - \bar{x})^2 \sum_{i=1}^{n}(y_i - \bar{y})^2}} \quad (4.1\text{-}1)$$

式中:ρ_{xy} 代表变量 x 和变量 y 的皮尔逊相关系数;x_i 和 y_i 分别代表变量 x 和 y 的第 i 点数据;$\bar{x}$ 和 $\bar{y}$ 分别代表变量 x 和 y 的平均值。

数据库更新方法：

B 站训练数据库更新方法如下：假设 A 站有运行 30 天的成对数据，而 B 站刚开始运行，没有数据供模型进行训练并预测冷负荷。那么先以 A 站的数据在 B 站进行训练并实现预测，往后每过 1 天，B 站则多了 1 天运行数据，则第二天 B 站的负荷预测采用的训练数据库由 B 站第 1 天的运行数据和 A 站后 29 天的数据库组成，依次类推，直到 B 站运行了 30 天而有了足够的运行数据为止。

气象参数、历史负荷以及时间对于任何地铁站均可获得且在建筑负荷预测中被广泛使用，因此为提升结论通用性，本方法基于这三类变量，通过皮尔逊相关系数对地铁站 A 的历史负荷、天气参数以及时间参数共计 27 个变量进行皮尔逊相关系数分析，以进行输入组合和筛选，皮尔逊相关系数计算结果如图 4.1-5 所示。

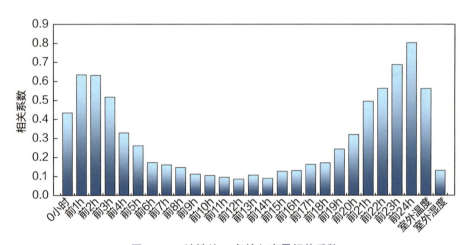

图 4.1-5　地铁站 A 各输入变量相关系数

从图 4.1-5 可以看出，地铁站 A 各时刻的历史负荷的相关性先降低再增高，同时，小时和室外温度与冷负荷相关性较高，而室外湿度与负荷相关性较低，基于此，将相关系数高于某个值的变量进行组合，最终得到表 4.1-1 的 6 种组合。

表 4.1-1　最终输入组合

组合	选择阈值	输入变量	输入数目
1	0.2	t、$h(t-1) \sim h(t-5)$、$h(t-19) \sim h(t-24)$、T_{air}	13
2	0.3	t、$h(t-1) \sim h(t-4)$、$h(t-20) \sim h(t-24)$、T_{air}	11
3	0.4	t、$h(t-1) \sim h(t-3)$、$h(t-21) \sim h(t-24)$、T_{air}	9
4	0.5	$h(t-1) \sim h(t-3)$、$h(t-22) \sim h(t-24)$、T_{air}	7
5	0.6	$h(t-1) \sim h(t-2)$、$h(t-23) \sim h(t-24)$	4
6	0.7	$h(t-24)$	1

4 高效智能环控系统关键技术与创新

输入组合研究：

一般模型的训练会随机选择 70% 或 80% 的数据，并将剩余的数据作为预测集评估模型预测效果。但此举会带来随机性，采用 5 重交叉检验的方法可避免随机性，该方法将数据集按照 4∶1 的比例分成 5 段，分别以每一段作为测试集，其余的作为训练集，重复 5 次，最终量化结果以各次的平均值得到。

对于站 A 分别以表 4.1-1 所示的 6 种输入组合在 BPNN 和 CNN 中进行了预测效果分析，其量化结果如图 4.1-6 和图 4.1-7 所示。不难看出，对于该案例车站，不同的神经网络有着相同的最佳输入组合，对于 BPNN 和 CNN，其预测精度最高的输入均是组合 4，且 CNN 的预测表现始终优于 BPNN，最佳预测 CV_RMSE 为 18.18%。组合 4 对应的最佳的 7 个输入变量如表 4.1-2 所示，本方法的研究是基于地下两层地铁站为例，且采取的输入变量均为常规变量，因此该最佳输入组合结论适用于任何类似形式的地铁站。

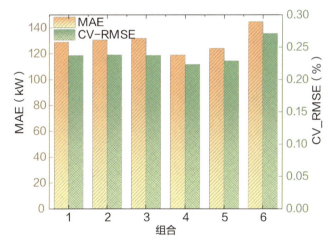

图 4.1-6　BPNN 预测地铁站冷负荷的表现

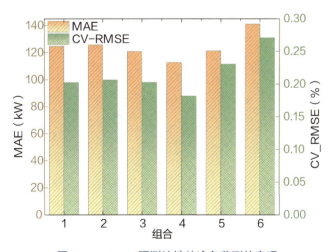

图 4.1-7　CNN 预测地铁站冷负荷测的表现

表 4.1-2　最佳输入变量

编号	1	2	3	4	5	6	7
变量	$H(t-1)$	$H(t-2)$	$H(t-3)$	$H(t-22)$	$H(t-23)$	$H(t-24)$	T_{air}

基于数据模型伴生及冷却塔主动寻优控制的智能环控控制技术提供了具体的技术方案。其数据模型伴生技术负荷预测运行效果如图 4.1-8 所示。首先针对中央空调系统的运行提出了具体的物理仿真计算流程设计，为了更加充分地对整个流程进行详细的展示，对流程进行了补充说明，如图 4.1-9 所示。

如图 4.1-9 和图 4.1-10 所示，基于数据模型伴生技术提供了一种基于数据模型伴生的中央空调仿真计算方法，仿真计算系统主要分为三个部分，包括参数输入，系统计算和数据分析。

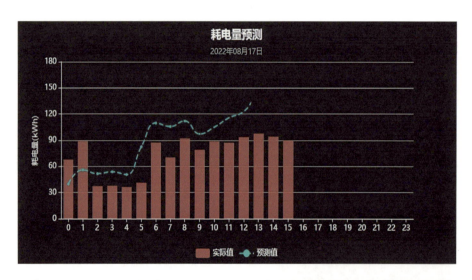

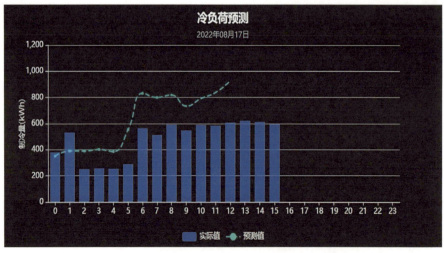

图 4.1-8　基于数据模型伴生技术负荷预测运行效果图

4 高效智能环控系统关键技术与创新

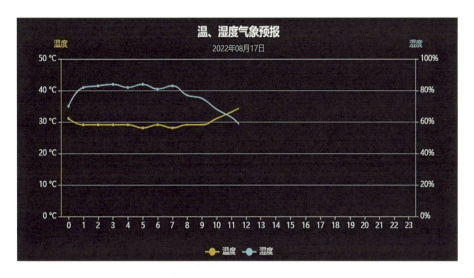

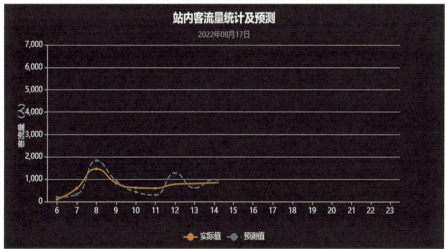

图 4.1-8 基于数据模型伴生技术负荷预测运行效果图（续）

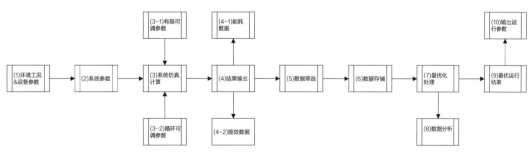

图 4.1-9 中央空调系统的运行物理仿真计算流程图

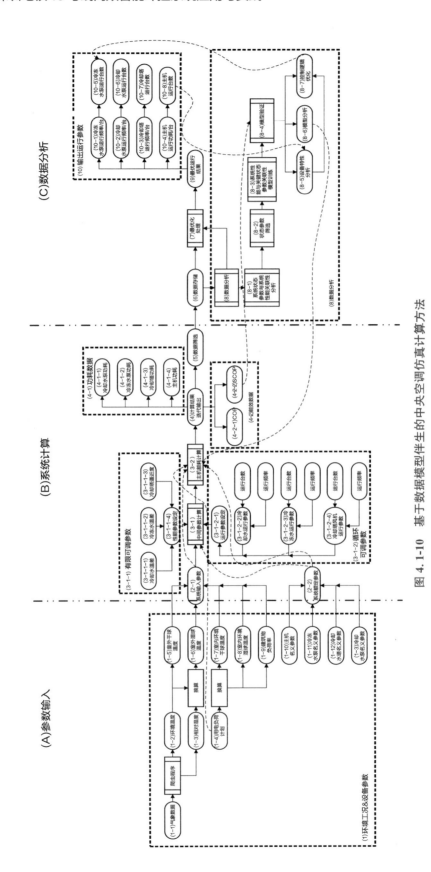

图 4.1-10 基于数据模型伴生的中央空调仿真计算方法

4 高效智能环控系统关键技术与创新

参数输入部分包括环境工况&设备参数，根据其是否是为可变参数区分为系统输入参数和系统额定参数。其中气象数据和用电负荷计划作为室外干球温度、室外湿球温度、室内环境干球温度、室内环境湿球温度和建筑物负荷率换算的已知条件，进行相关数据的测算。在用电负荷计划限制的情况下，室内环境干球温度、室内环境湿球温度和建筑物负荷率均需要进行动态的调整，采用脉宽调制的方法以满足限电的需求，具体的实现过程，如图 4.1-9 所示。

系统计算部分主要包括系统仿真计算、结果输出和数据筛选三部分。其中系统仿真计算包括中间参数计算和主机能耗计算两部分，计算过程采用遍历循环的形式进行计算，后续再针对数据进行处理。其中中间参数计算又根据遍历循环过程中参与数据与能耗之间的关系，被区分为有限可调参数和循环可调参数两部分，其中与温差相关的参数变量被定义为性能参数设定，主机各个设备运行台数和频率部分被定义为运行参数设定。根据系统仿真计算的结果进行结果输出，根据计算结果的不同，区分为能耗数据和能效数据，其中能效数据作为优化判定的主要依据，能耗数据作为参考数据进行数据筛选。在数据筛选部分，根据能耗数据结合循环可调参数和系统额定参数进行有效筛选，将超出限定的数据筛除，结合实际运行，对不合理的仿真过程计算数据进行剔除。将系统计算部分的数据筛选后进行下一步的处理。

如图 4.1-10 中，系统计算部分的计算过程采用的是遍历循环计算的方式。水和制冷剂在换热器中换热，同等换热量，换热温差越大，水流量越小，水泵的功耗越低。为了提供最优化的控制策略，两侧换热器温差区间为 [2~10℃]，步长 0.1℃，水泵变频调节区间为 [20Hz~50Hz]，步长 1Hz；冷却塔风机和水泵类似，采用冷却塔逼近度进行换热计算，逼近度变化区间为 [2~6℃]，步长 0.1℃，采用变频调节区间为 [20~50Hz]；以此计算多种组合情况下系统的能效变化。

在系统计算部分中，根据设备组成参数建立基于系统循环的仿真计算模型，该模型主要完成设备在运行之初的特性分析以及最优运行预判，并不直接参与设备的最优运行控制逻辑的进行，模型在计算之初会根据有限可调变量和循环可调变量进行多次重复迭代计算，根据梯度下降法来确定具体的在该工况下的最优运行结果，如图 4.1-12 所示。当然在仿真计算中，主机能耗的计算过程受到用电负荷限制的影响，在单次计算中根据参数调整的时间周期对数据上限进行限定，结合之前的动态调节方法，计算输出能耗。

如图 4.1-11 和图 4.1-12 所示，数据分析部分包含数据存储、最优化处理、数据分析、最优运行结果和输出运行参数五部分。该部分的流程分配按照了系统硬件数据流的具体流向进行了有效划分，如图 4.1-13 所示。

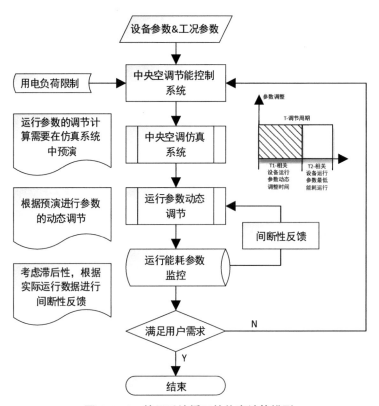

图 4.1-11　基于系统循环的仿真计算模型

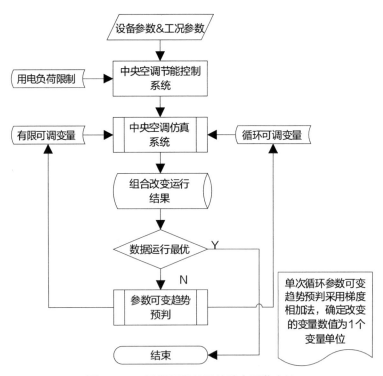

图 4.1-12　最优运行结果的动态调节方法

4 高效智能环控系统关键技术与创新

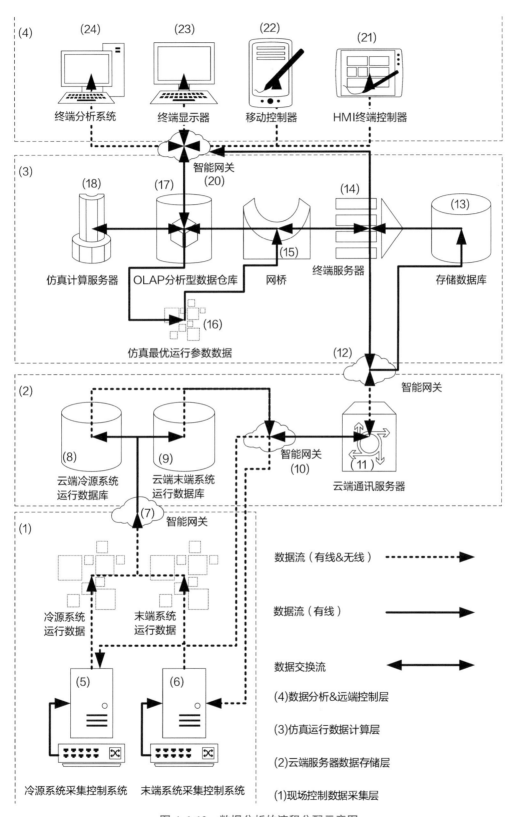

图 4.1-13 数据分析的流程分配示意图

如图 4.1-14 所示，仿真计算结果以数组的形式在数据库中进行存储，主要进行两部分操作：最优化处理，输出运行策略；数据分析，优化仿真计算。数据分析部分需要在一定量数据积累的情况下进行分析计算。根据已知的最优数据需要进行后续的分析，对控制策略和主机能耗计算进行修正。在系统计算部分中，根据设备组成参数建立基于系统循环的仿真计算模型，该模型主要完成设备在运行之初的特性分析以及最优运行预判，并不直接参与设备的最优运行控制逻辑的进行，模型在计算之初会根据有限可调变量和循环可调变量进行多次重复迭代计算，根据梯度下降法来确定具体的在该工况下的最优运行结果。在仿真计算中，主机能耗的计算过程受到用电负荷限制的影响，在单次计算中根据参数调整的时间周期对数据上限进行限定，结合之前的动态调节方法，计算输出能耗。

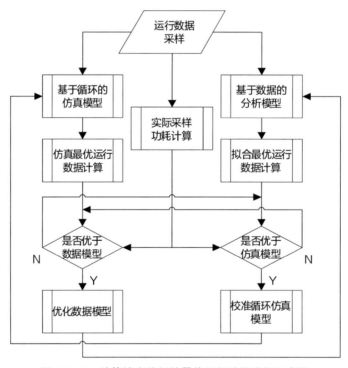

图 4.1-14　计算输出能耗的最优运行结果流程示意图

数据分析部分中央空调的数据分析进行了双模型的设计思路，设备在运行之初，最优运行控制策略主要参考基于循环的仿真模拟结果。因为新的设备在出厂之前都会进行定量的性能测试实验，循环模型需要严格参考性能测试结果进行修正，并且根据现场的运行实测数据，会对数据进行进一步的修正，使其更贴合实际的运行。随着设备的运行，针对系统运行的数据，根据仿真数据和实测数据进行数据筛选，确定有效的最优运行数据，包括运行工况和运行参数的，以数组的形式进行有效的存储。在前期积累的一定量的数据后对数据进行数据的处理，首先分析数据最优变量与根参数数据的关联性分析，确定数据之间的相关性分布权重，根据制冷循环的特性，对数据的重要性进行有效筛选，为后续的数据挖掘模型分析准备数据类型。其次，根据选取选定数据与系统性能进行模型搭建，这里选用 BP-ANN 神经元网络对制冷系统的模型进行处理，建立有效的输入输出模型，也就是在已知的运行工况和系统状态变化和限电规则下输入下，可以有效地输出最优运行控制策略。最后通过伴生系统对系统模型进行校验，通过循环模型和数据模型两方面进行相互博弈互相进行优化。

4.1.4 云平台、智能环控控制系统平台

本项目采用基于云技术的控制系统应用与研究，从数据采集、预处理、健康诊断、故障处理等各个环节分析了城市轨道交通通风空调节能控制系统运维维护所包含的内容，并提出如何将深度学习方法运用于智慧运维管理，从而实现对城市轨道交通环控系统设备的更科学、更高效的运维管理。

本项目所采用的"云＋边＋端"协同计算体系框架，其指导设计思想是将复杂的、计算量大的模型训练等放入云端，优化后的最佳模型部署于边缘侧，并与端侧进行实时交互，进行推理计算，具体设计理念如图 4.1-15 所示。

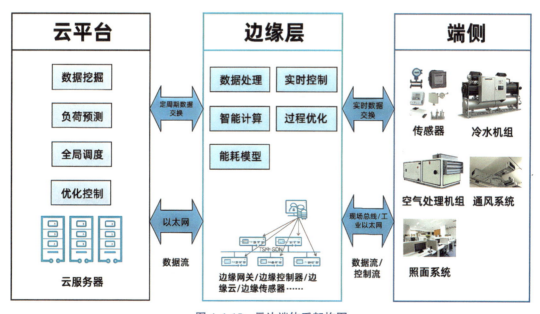

图 4.1-15　云边端体系架构图

以城市轨道交通通风空调系统的负荷预测及节能优化控制为例，"云＋边＋端"协同计算体系能够很好地赋能先进的基于负荷预测的全局优化节能控制技术。图 4.1-16 是对其产业化实现所采用的创新技术的具体描述。

图 4.1-16　云边端系统计算体系设计

本技术路线所采用数据驱动及挖掘技术框架如图 4.1-17 所示。

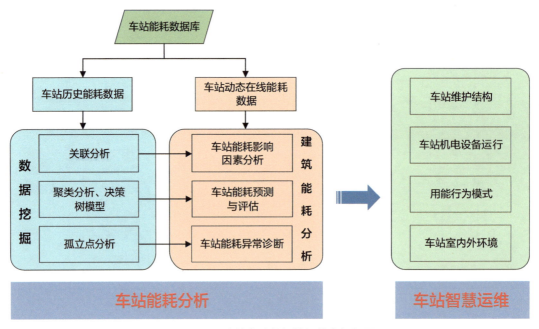

图 4.1-17　地铁车站数据挖掘技术框架图

数据驱动及挖掘技术包括利用聚类分析方法进行能耗模式分类，离群点分析方法对能耗异常数据进行识别，关联分析方法找出能耗数据影响因素，神经网络算法预测未来能耗情况。我们通过研究多种数据挖掘技术的集成应用，能够较全面地对建筑能耗数

4 高效智能环控系统关键技术与创新

据进行深度利用。但是采取这些先进的数据挖掘方法时，往往数据量巨大，消耗算力巨大，因此需要在云平台上进行，才能保障其高效稳定地运行。在云平台进行的建筑能耗数据挖掘技术主要分为：

1）关联分析

影响车站空调能耗的因素主要可分为三个方面：外部气候条件、建筑结构、工作状态（工作时间）。由于车站结构已经确定，所以只考虑外部气候条件和工作状态对建筑能耗的影响。外部气候因素有湿球温度、干球温度、湿度、风速；工作状态主要包括大楼内人员的密度情况。利用灰关联分析可以准确地选出影响能耗数据的重要因素，并针对性的改进运维管理模式，降低该影响因素产生的能耗；利用选出影响能耗数据的重要因素，还可以进行空调负荷预测，进而对空调系统进行超前管理，减少空调系统运行滞后导致的能耗高、室内环境质量差等问题的发生。

2）聚类分析

车站在不同季节、不同时段的能耗差异量较大，需要识别其在时间序列上的能耗模式。通过聚类算法可以分析出建筑能耗的时间分布规律，将能耗差异较大的数据分在不同的类中。在产生能耗类别后，将聚类得到的数据簇添加能耗分类标签，建立能耗评判决策树，对不同季节、不同时段的建筑能耗模型进行预测评估。

3）孤立点分析

在通风空调设备系统运行中，会不可避免出现异常能耗数据。这个数据可能是由设备系统故障、设备管理策略不合理、特殊用能场景等导致的。这些能耗数据点超出正常数据范围而独立存在，被称作孤立点。这些孤立点作为能耗异常点应该尽量避免或者特殊对待。基于聚类的离群点分析通过对能耗数据的分类，可以判断出能耗数据所属的能耗模式，并将能耗孤立点筛选出来，针对性的设备改造或设备运行管理优化，为车站的节能优化运维提供支持。

本技术路线主要有以下三个技术创新点：

1）基于数据挖掘的设备运行指标预测

由于轨道交通通风空调系统设备机理模型对实际系统做了一定的简化，难以精确描述其运行指标与操作参数之间强非线性、大滞后性及强耦合的复杂关系，故单一的机理模型存在较大误差。因此，首先建立分工况运行指标预测机理模型，然后针对制冷主机、循环水泵、冷却塔、组合式空调机组等系统设备运行的特点，建立基于数据挖掘的机理误差补偿模型，从而实现了建筑设备运行指标的精准预测。

2）基于指标预测的建筑设备全局优化控制技术

以预测的地铁车站运行指标分布为基础，提前对通风空调系统的各参数变量进行控制，避免系统的大时滞和大惰性带来的时间控制差，使制冷设备始终处于最优或者接近最优的工作状态，获得了较大的节能优化效果。

3）设备健康状况诊断及预测性维护

基于连续的测量以及历史数据的分析，对通风空调系统设备运行状态进行预测性维护，优化其运行时间，运行效率以及维护时机，获得了更好的设备可用性、更长的服务寿命以及更稳定的工作状态。

通过采集安装在各类设备上的传感器和执行部件反馈信号，进行逻辑判断，有效甄别风机盘管、预冷空调箱、组合式风柜、变风量空调系统、冷却塔等大概率出现的故障或已出现的故障及其原因，具体包括：

（1）电力故障判断：若系统显示的温度、相对湿度、CO_2 浓度、红外线温度传感器、冷冻水阀门、风机运行反馈信号都为零时，则判断风机盘管系统出现电力故障并发出对应故障报警。

（2）网络故障判断：若系统采集的温度、相对湿度、CO_2 浓度、表冷器温度变化率都为零时，则判断风机盘管系统出现网络通信故障并发出对应故障报警。

（3）风机故障判断：当且仅当系统采集的温度、相对湿度变化率都为零或风机运行反馈信号异常（即非 0 非 1 的报警状态）时，则判断风机盘管系统出现风机故障并发出对应故障报警，计算如式（4.1-2）所示。

$$M_{\mathrm{fan}}=1, \text{ if } \begin{cases} \dfrac{\mathrm{d}T_{\mathrm{air}}}{\mathrm{d}t}=0 \\ \dfrac{\mathrm{d}RH_{\mathrm{air}}}{\mathrm{d}t}=0 \\ S_{\mathrm{fan}}\neq 0, \\ S_{\mathrm{fan}}\neq 1 \end{cases} \quad (4.1\text{-}2)$$

式中　T_{air}——风机盘管处空气温度；

　　　RH_{air}——风机盘管处空气相对湿度；

　　　M_{fan}——风机报警信号；

　　　S_{fan}——风机反馈信号。

（4）冷冻阀门故障判断：若系统采集的温度超过设定值上限（如 26.5℃）超过 5min 并还在持续上升且相对湿度超过设定值上限（如 75%）超过 5min 并还在持续上升时，或若系统采集的温度超过设定值下限（如 20.5℃）超过 5min 并还在持续下降，则判断风机盘管系统出现了冷冻阀门故障并发出对应故障报警，计算如式（4.1-3）所示。

$$M_{\mathrm{valve}}=1, \text{ if } \begin{cases} T_{\mathrm{air}}>T_{\mathrm{set}}, t>5\mathrm{min} \\ RH_{\mathrm{air}}>RH_{\mathrm{set}}, t>5\mathrm{min} \\ \text{or} \\ T_{\mathrm{air}}<T_{\mathrm{set}}, t>5\mathrm{min} \end{cases} \quad (4.1\text{-}3)$$

式中　M_{valve}——冷冻阀门报警信号；

T_{set}——温度设定值;

RH_{set}——相对湿度设定值。

(5)新风输送故障判断:若系统采集的CO_2浓度超过设定值上限(如1200ppm)超过5min并还在持续上升,则判断风机盘管系统出现了新风输送故障并发出对应故障报警,计算如式(4.1-4)所示。

$$M_{fresh} = 1, \text{ if } \{C_{CO_2} > C_{set}, t > 5\text{min}\} \quad (4.1\text{-}4)$$

式中 M_{fresh}——为新风输送报警信号;

C_{CO_2},C_{set}——分别为CO_2浓度的实测值与设定值。

(6)冷冻水送水异常判断:若系统采集的表冷器温度超过设定值上限(如15℃)超过5min并还在持续上升,则判断风机盘管系统出现了冷冻水送水温度或流量异常并发出对应异常报警,计算如式(4.1-5)所示。

$$M_{coil} = 1, \text{ if } \{T_{coil} > T_{coil,set}, t > 5\text{min}\} \quad (4.1\text{-}5)$$

式中 M_{coil}——冷冻水输送报警信号;

T_{coil},$T_{coil,set}$——表冷器温度的实测值与设定值。

(7)初效过滤器异常判断:若系统采集的初效过滤器压差超过设定值上限(根据厂家规格说明设置),则判断制冷空调箱初效过滤器出现了故障或者需要进行清洗/更换,并发出对应异常报警,计算如式(4.1-6)所示。

$$M_{filter} = 1, \text{ if } \{\Delta P_{filter} > \Delta P_{filter,set}, t > 5\text{min}\} \quad (4.1\text{-}6)$$

式中 M_{filter}——初效过滤器报警信号;

ΔP_{filter},$\Delta P_{filter,set}$——初效过滤器压差实际值与设定值。

(8)电子除尘装置异常判断:若系统采集的电子除尘器装置前后PM10浓度变化率相等或运行反馈信号异常(即非0非1的报警状态)时,则判断组合式风柜出现电子除尘装置故障并发出对应故障报警。

(9)变风量箱风阀故障判断:若系统采集的变风量箱送风风量与设计风量比值小于变风量箱风阀开度的50%或大于变风量箱风阀开度的150%并持续5min以上,则判断变风量空调系统出现风阀故障并发出对应故障报警,计算如式(4.1-7)所示。

$$M_{damp} = 1, \text{ if } \begin{cases} \dfrac{V_{sup,air}}{V_{set,air}} < 50\% K_{damp}, t > 5\text{min} \\ \text{or} \\ \dfrac{V_{sup,air}}{V_{set,air}} > 150\% K_{damp}, t > 5\text{min} \end{cases} \quad (4.1\text{-}7)$$

式中 M_{damp}——变风量箱风阀报警信号;

$V_{sup,air}$——送风风量(m^3/h);

$V_{set,air}$——设计风量(m^3/h)。

（10）空调区域过热判断：若系统采集的变风量箱送风风量达到设计值，变风量箱送风温度达到设计值（如15℃），变风量箱风阀开度达到最大值100%，但室内温度大于设定值上限（如26.5℃）持续5min并且有持续上升趋势，则判断变风量空调系统对应区域出现区域过热显现并发出对应故障报警，计算如式（4.1-8）所示。

$$M_{\text{hot}} = 1, \text{ if } \begin{cases} T_{\text{sup,air}} = T_{\text{sup,set}} \\ K_{\text{damp}} = K_{\text{damp,max}} \\ T_{\text{in,air}} > T_{\text{set,upper}}, t > 5\text{min} \end{cases} \quad (4.1\text{-}8)$$

式中　M_{hot}——空调区域过热判断报警信号；

　　　$T_{\text{sup,air}}$——送风温度（℃）；

　　　$T_{\text{sup,set}}$——设计送风温度（℃）；

　　　K_{damp}——风阀实际开度；

　　　$K_{\text{damp,max}}$——风阀最大开度；

　　　$T_{\text{in,air}}$——室内温度实际值（℃）；

　　　$T_{\text{set,upper}}$——室内温度最大设定值（℃）。

（11）空调区域过冷判断：若系统采集的变风量箱风阀开度达到最小值如5%，但室内温度小于设定值下限（如20.5℃）持续5min并且有持续下降趋势，则判断变风量空调系统对应区域出现区域过冷现象并发出对应故障报警，计算式（4.1-9）所示。

$$M_{\text{cold}} = 1, \text{ if } \begin{cases} K_{\text{damp}} = K_{\text{damp,min}} \\ T_{\text{in,air}} < T_{\text{set,lower}}, t > 5\text{min} \end{cases} \quad (4.1\text{-}9)$$

式中　M_{cold}——空调区域过冷判断报警信号；

　　　$K_{\text{damp,min}}$——风阀开度最小值；

　　　$T_{\text{set,lower}}$——室内温度设定下限。

（12）风口表面凝露判断：若系统采集的变风量箱送风温度最小于室内露点温度并持续5min以上，则判断变风量空调系统对应区域极有可能出现风口表面凝露现象并发出对应故障报警，计算如式（4.1-10）所示。

$$M_{\text{water}} = 1, \text{ if } \{T_{\text{sup,air}} < T_{\text{dew,air}}, t > 5\text{min}\} \quad (4.1\text{-}10)$$

式中　M_{water}——风口表面凝露判断信号；

　　　$T_{\text{dew,air}}$——凝露温度。

（13）冷却水供水流量异常判断：若系统采集的冷却水总管供回水温差大于8℃并超过5min并还在持续上升，则判断冷却塔的冷却水系统出现了冷却水流量异常（即流量过小），并发出对应异常报警提示检修冷却水泵，计算如式（4.1-11）所示。

$$M_{\text{flowrate}} = 1, \text{ if } \{T_{\text{rtn,water}} - T_{\text{sup,water}} > 8, t > 5\text{min}\} \quad (4.1\text{-}11)$$

式中　M_{flowrate}——冷却水供水流量异常判断信号；

　　　$T_{\text{rtn,water}}$，$T_{\text{sup,water}}$——冷却总管供回水温差及其设定值。

4.2 设备创新技术路线

4.2.1 EC风机在空调机组上的应用

EC风机（全称：数字无刷直流外转子风机，以下简称EC风机）在组合式空调机组、柜式风机盘管机组上的应用对智能维保、提质增效带来较大的提升。

传统组合式空调机组和柜式风机盘管机组在智能维保方面存在以下缺点：

1. 整体故障率偏高

组合空调机组使用时间较长后容易出现皮带松动、皮带打滑等现象，皮带磨损程度不易监视，往往出现问题才发现皮带松动、打滑。

2. 维护维修成本较高

皮带属于易耗品，一般新皮带使用累积达1年以后出现磨损等失效情况属于正常，此时应按需要更换新的皮带。多根皮带传动时，同组皮带应同时更换。

为了避免皮带磨损、老化导致空调系统运行异常，组合空调机组的皮带都是按照检修规程定期更换的，全生命周期内组合空调机组的皮带需要更换20次左右，这造成了较高的维护维修成本。

基于EC风机的组合式空调机组、柜式风机盘管机组风机段采用离心风机＋三相异步电动机的结构，如图4.2-1所示。

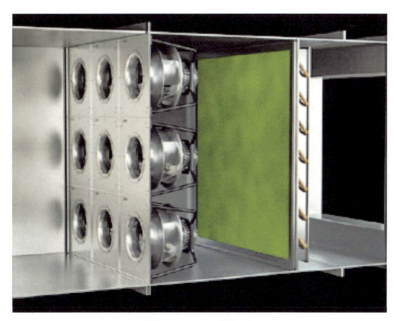

图 4.2-1 EC风机墙

基于EC风机墙技术的组合式空调机组和柜式风机盘管机组与传统单AC风机的组

合式空调机组和柜式风机盘管机组在智能维保、提质增效方面有以下优点：

（1）EC 无刷直流电机是采用半导体开关器件来实现电子换向的，即用电子开关器件代替传统的接触式换向器。

（2）高能效直流电机，能效达到 IE5，等同国家标准《电动机能效限定值及能效等级》GB 18613—2020 中一级能效。

（3）结构极其紧凑，风墙布置，缩短空调箱长度，减小安装面积；

（4）出风气流分布更均匀，压降更小。

（5）多台风机排布组合，高冗余，高可靠性，高备用性。

（6）相较于传统 AC 电机驱动风机具有更低的噪声。

（7）相比老式皮带驱动风机，EC 风机没有皮带传动部件，不需要定期更换皮带和清理皮屑。可以长时间保持 AHU 的洁净。

（8）EC 风机使用免维护轴承，在整个风机使用寿命过程中无需加油和更换，节省维护费用和时间。

（9）使用风墙设计（风机≥2 台），在出现一台风机故障时，可以把剩余机的转速调高，保持 AHU 的运行，不会导致停机。

（10）EC 风机的体积相对传统皮带风机小得多，在需要更换的时候无需拆掉风墙，可以直接通过检修门进入并更换。

（11）EC 风机本身带有 485 协议控制模块，可以把风机本身数据传递到控制终端（需要相应配套设备），终端可以实时采集数据，有故障能够快速发现并做出诊断。相比老式皮带风机用变频器控制更加精准智能。

单离心 AC 风机：设计高效点在额定风量附近，低风量变频运行效率衰减严重，表冷器换热不均。

矩阵式 EC 风墙：在 40%～50% 变风量运行，全压效率仍高于 60%，且表冷器换热效率更高。

与采用传统单离心 AC 风机相比，采用矩阵式 EC 风墙后（电机＋风机）效率从 0.42～0.52 提升至 0.62～0.68，图 4.2-2 展示了 EC 风机效率曲线。

4.2.2 永磁同步变频直驱电机在冷却塔上的应用

永磁同步变频直驱电机在冷却塔上的应用对智能维保、提质增效带来较大的提升。

1. 普通异步电机与永磁同步电机的区别

（1）两者结构不同。电机主要是由定子、转子构成，其中永磁同步电机的转子采用了永磁材料，因此它能在不通电的情况下自发地产生磁场，而交流异步电机的转子则不产生磁场，需要外接电流再加上绕组才能产生磁场带动转子转动。

（2）运转方式不同。在永磁同步电机和交流异步电机中，电机的转子旋转速度和定子线圈磁场转动速度相同的，称之为永磁同步电机；电机的转子旋转速度和定子线圈磁场转动速度不同的，称之为交流异步电机。

（3）成本不同。永磁同步电机在生产制造时需要用到钕铁硼等稀土原料，稀土作为不可再生资源，其市场价格还是比较高，所以搭载永磁同步电机的车型生产成本往往更高，而交流异步电机的价格就相对便宜。永磁电机与异步电机在功率因数、效率及损耗上对比如图 4.2-3 所示。

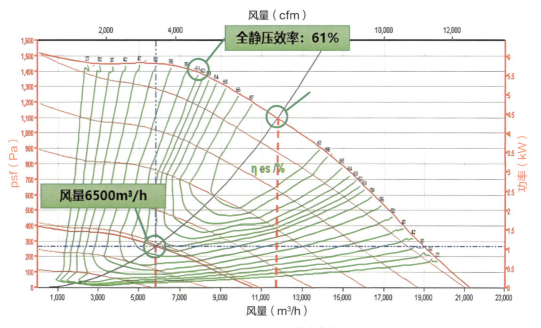

图 4.2-2　EC 风机效率曲线

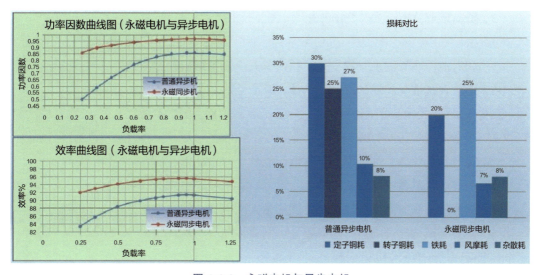

图 4.2-3　永磁电机与异步电机

141

2. 永磁同步电机在冷却塔上的应用优势

（1）结构简洁。取消了传统电机加减速机的工艺，电机自身可以做到低速大扭矩，且免维护；

（2）效率高。永磁同步电机本身的功率效率高以及功率因数高；使得无功及有功部分都得到节能的作用；

（3）稳定可靠。加粗的机身设计及转子灌封工艺，解决了电机因水雾原因而造成的质量问题，电机发热小，因此电机冷却系统结构简单、体积小、噪声小，永磁同步电机允许的过载电流大，可靠性显著提高。

（4）在智能维保、提质增效方面的优势：

① 整体故障率低

由于采用了直驱的方式，没有皮带轮结构，全生命周期内无需投入平带检修更换的工作。

由于采用了直驱的方式，不会因为出现皮带松动、打滑导致冷却塔散热不良，不会影响空调水系统运行能效。

② 维护维修成本低

采用了直驱的方式，没有皮带轮结构，全生命周期内无需更换皮带。

4.2.3 磁悬浮冷水机组的应用

磁悬浮冷水机组的应用对智能维保、提质增效带来较大的提升。

1. 常规离心式冷水机组的特点

（1）冷量范围：250～1300RT；
（2）能效：能效高，部分型号可达双级能效（COP/IPLV）；
（3）负荷调节范围：30%～100%；
（4）振动噪声：噪声较大，75dBA左右；
（5）润滑油：润滑油系统较复杂，耗油量大；机械结构较为复杂；
（6）性能衰减情况：随运行时间累计，制冷性能有明显衰减。

2. 常规螺杆式冷水机组的特点

（1）冷量范围：70～470RT；
（2）能效：能效高，部分型号可达双级能效（COP/IPLV）；
（3）负荷调节范围：30%～100%；
（4）润滑油：润滑油系统较复杂，耗油量大，机械结构较为复杂；
（5）性能衰减情况：随运行时间累计，制冷性能有明显衰减。

3. 磁悬浮无油冷水机组的特点

（1）单机冷量范围：130～1800RT；

（2）能效：能效极高，全系列 COP/IPLV 远超一级能效；

（3）负荷调节范围：10%～100%；

（4）无油运行：全生命周期免油路系统维护；

（5）振动噪声低：磁悬浮轴承，无摩擦，噪声低；

（6）稳定性好：自发电模式＋长寿命备降轴承；

（7）性能衰减情况：随运行时间累计，制冷性能基本无明显衰减。

磁悬浮冷水机组与常规冷水机组最明显的区别是不需要润滑油，润滑油对冷水机组制冷效率有一定的负面影响，根据 ASHRAE 研究结果（图 4.2-4），蒸发器中润滑油含量越高，制冷效率损失越大。

常规冷水机组冷媒内润滑油平均含量占到 9%～10%，这会造成 15%～20% 的额外系统能耗。

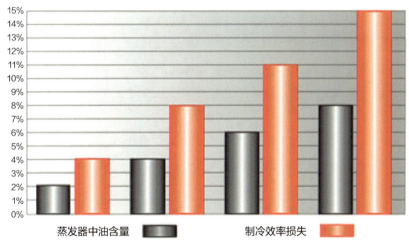

图 4.2-4　ASHRAE 项目蒸发器中油含量与制冷效率损失数据

来源："美国采暖、制冷与空调工程师协会"（简称 ASHRAE）研究项目 -601 TRP

4. 常规螺杆式、离心式冷水机组保养复杂

（1）定期对压缩机做全面体检，重点是对各运动部件进行润滑保养。

（2）定期清洗过滤器、检查油泵油压。

（3）定期检查蒸发器和冷凝器结垢情况，清洗蒸发器和冷凝器。

（4）每 6～12 个月或定期检查压缩机冷冻机油是否减少，必要时应及时补充或更换。

5. 磁悬浮冷水机组的优势

（1）磁悬浮冷水机组高效节能，磁悬浮冷水机组采用了无摩擦磁悬浮技术和环保制冷剂，能够有效减少能量损失，提高制冷效率。

（2）磁悬浮冷水机组中没有传统冷水机组中的机械部分，不需要润滑油，零部件少，运行可靠，维护简单，维护成本较低。

（3）磁悬浮冷水机组噪声低，体积小，安装简单。

6. 磁悬浮冷水机组应用的新技术

（1）双备降轴承＋停电自发电技术保障了磁悬浮压缩机因电压不稳，供电骤停时的机组安全，300次以上的硬跌落次数确保了磁悬浮压缩机全生命周期的运行稳定可靠。

（2）变频器微通道冷媒冷却专利技术确保了变频器在-25~55℃冷媒直接冷却不降容。在湿度5%RH~95%RH，无凝露，极大地增强了变频离心机组在华南地区高温高湿环境下的运行稳定性。

（3）采用航天气动专用设计软件进行优化设计的叶轮型线可最大程度提高机组多工况下的能效，确保在南方地铁场景全年运行工况负荷变动范围大的特点下实现全年最高能效运行。

（4）机组具备智能防喘技术和自学习能力，可根据地铁各站点实际运行工况变化自行学习并优化防喘曲线并进行防喘动态自修正，实现每个站点独立的防喘自动控制，最大程度实现一站一曲线的智能调节。

（5）机组采用高效降膜式蒸发器及多层式冷却冷凝器大幅提高换热能力并降低冷媒用量，整体管路及两器采用紧凑设计，机组整体尺寸较常规冷水机组减小占地面积20%以上，极大地提高了地铁站项目机房空间利用率。

（6）配套的数智化运维和I管家功能可针对每个机组和多机组耦合实现数据采集、分析、预警、查询等功能并能根据地铁场景实时提出运维优化方案。实现地铁项目整体极致的可靠、简单、高效运行。

7. "美的"全自助开发的全新一代磁悬浮离心机组

这是拥有完全自主知识产权及核心技术的最新一代无油变频离心机产品（图4.2-5）。该系列应用了"美的"积累多年的航天气动技术、磁悬浮轴承控制技术、相变循环液冷冷却热管理变频器技术、高效永磁同步电机技术、全降膜蒸发技术等多项核心技术，实现了全系列机组达到国家一级能效，高度集成的机电控一体化架构及热管理技术，助力压缩机防护等级达到IP67。

全新一代（高效可靠机电控一体化）磁悬浮水平对置双级离心式压缩机，节能运行，持续高效。

（1）磁悬浮轴承技术

① 工业级磁轴承组件，含径向磁轴承，推力磁轴承和位置传感器，具有低功耗、高承载力及高可靠性。

② 磁悬浮轴承功耗低于0.4kW，仅为常规油轴承功耗的2%~10%（图4.2-6）。

③ 突破常规油轴承转速上限，高转速轴承功耗显著降低，转速越高磁悬浮轴承较油轴承越节能。

④ 超小间隙下高精度稳定悬浮控制，动静间隙减少 70%（150→50μm），能效提升 1%。

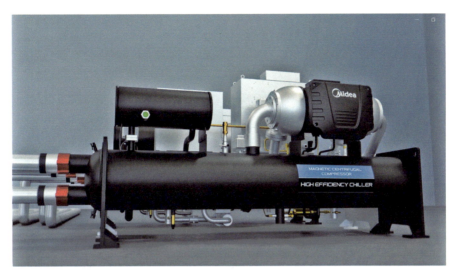

图 4.2-5 "美的"磁悬浮冷水机组

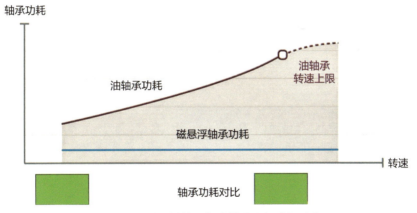

图 4.2-6 磁悬浮轴承与油轴承之间功耗对比

（2）高效气动技术

① 航天气动设计，全流场效率优化，压缩机等熵效更高；

② 沿用独特的水平对置压缩结构，两级叶轮水平双向背靠背排列在轴承两侧，形成水平对置压缩，轴承受力小，提高压缩机效率；

③ 补气增焓双级压缩，比单级压缩效率提高 6%。

（3）永磁同步电机技术

① 采用高频低损的电工硅钢及优质稀土永磁磁钢励磁，电机体积小、损耗分布合理、总损耗低，全工况范围的电机效率在 0.96 以上，最高效率可达 0.97（图 4.2-8）。

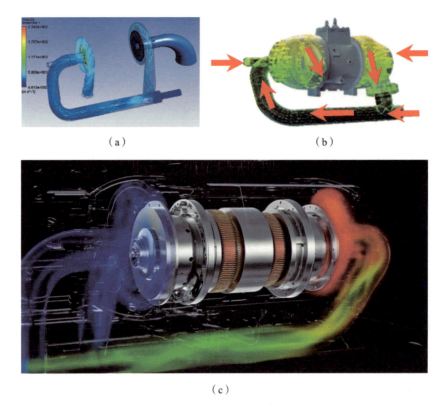

图 4.2-7 磁悬浮机组高效气动技术
（a）航天气动设计；（b）补气增焓双级压缩；（c）水平对置压缩结构

图 4.2-8 永磁同步电机功率耗损分布

② 应用空间矢量脉宽调制（SVPWM）技术调速与驱动，适时跟随工况变化而精准高效运行，起动电流小、运行电流低，全生命周期的运行电费及配电成本低；异步电机与永磁同步电机负载率指标如图 4.2-9 所示。

③ 采用定子温度及转子轴伸量实时监测系统（图 4.2-10），实现电机定转子的精准冷却，可靠性高。

（4）高效直驱技术

① 无需增速齿轮，无传动损失，效率更高；

② 传动系统简单，运动部件少，可靠性更高；

4 高效智能环控系统关键技术与创新

③结合磁悬浮技术，机组运行噪声大幅度降低（图 4.2-11）。

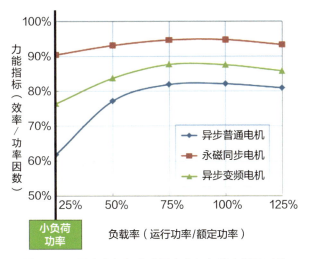

图 4.2-9　异步电机与永磁同步电机负载率指标对比

图 4.2-10　定转子实时监测系统

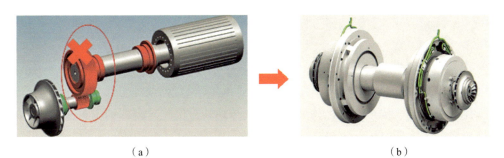

图 4.2-11　常规电机驱动与磁悬浮驱动方式对比
（a）常规驱动方式；（b）磁悬浮机组驱动方式

（5）全降膜蒸发技术，大幅提升蒸发器换热效率

为了得到更高效节能的换热效率，"美的"研发出专利技术全降膜蒸发技术，它采用喷淋技术，制冷剂在高效换热管表面实现膜态蒸发，提升了换热效率和布液均匀性。

减少冷媒充注量采用行业首创的全降膜蒸发技术（专利号：ZL 201220577159.6），基本可以实现蒸发器内"零"液位，比传统的满液式蒸发器、混合降膜式蒸发器可减少大量的制冷剂充注量，经济环保，见图 4.2-12。

① 提升换热效率

运用多层制冷剂分配器喷淋降膜技术，制冷剂在高效换热管表面形成液膜，从而膜态蒸发，大幅提升蒸发器换热效率；专利号：ZL 201120134421.5。

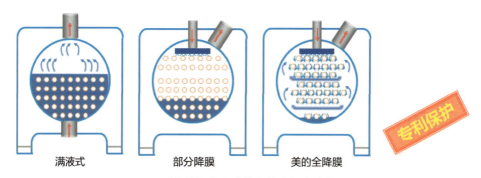

图 4.2-12 "美的"全降膜蒸发技术与传统蒸发器对比

② 提升机组性能

为确保高效换热管表面均匀分液，特有设计制冷剂分配器，避免局部干管，充分发挥换热管性能，提升机组能效，见图 4.2-13。专利号：ZL 201220474037.4。

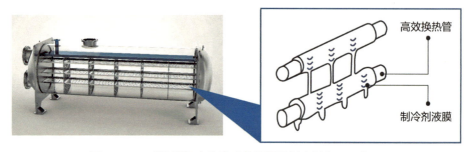

图 4.2-13 "美的"全降膜式蒸发器及制冷剂分配示意图

（6）高效冷凝技术

运用行业领先、传热性能优秀的高效冷凝传热管，优化冷凝器结构布置，换热性能更优，冷凝器原理如图 4.2-14 所示。

冷凝器顶部均气板设计，减小高速制冷剂气体对铜管的冲击，从而有效降低噪声。

冷凝器底部设有多重扰流的纯逆流过冷室，提高过冷度，进一步提高机组性能。

4 高效智能环控系统关键技术与创新

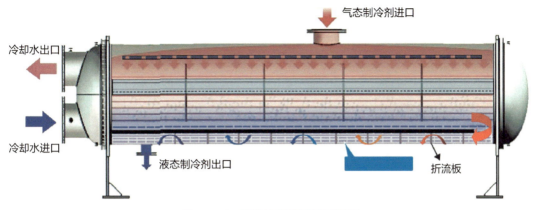

图 4.2-14　高效冷凝器原理示意图

根据沸腾机理和凝结机理专门研制的高效换热管（图 4.2-15），内外表面均经强化处理，不仅提高了水侧和制冷剂侧传热系数，而且可实现小温差传热，大大提升了机组的传热效率。

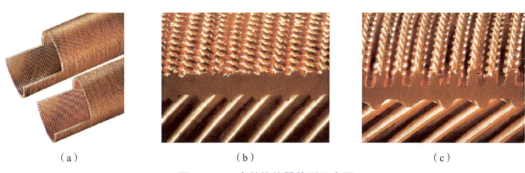

图 4.2-15　高效换热器管型示意图
（a）高效换热管管型；（b）蒸发管；（c）冷凝管

（7）双级补气增焓压缩技术，降低压缩机功耗

独特的双级补气增焓压缩技术（图 4.2-16）可增加制冷剂的吸热能力，降低压缩机功耗，比单级压缩机组提高 6% 的能效。

（8）先进的节流控制技术，提升机组部分负荷效率

采用先进的多孔节流孔板与电子膨胀阀组合冷媒节流控制方式（图 4.2-17），根据工况的变化，精确调节冷媒流量，获得最佳的冷凝器和蒸发器性能。调节迅速，避免部分负荷热气旁通，保证机组在不同负荷下高效运行，大大提高了机组的节能性和稳定性，降低运行成本。

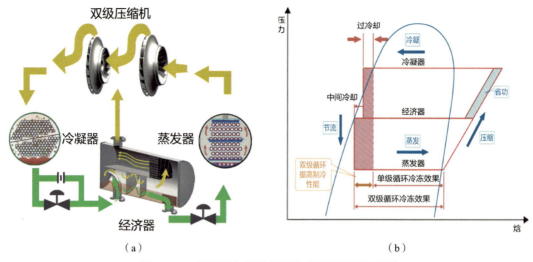

图 4.2-16 双级补气增焓压缩技术压缩原理示意图
（a）制冷循环示意图；（b）双级补气增焓压缩循环对应压焓图

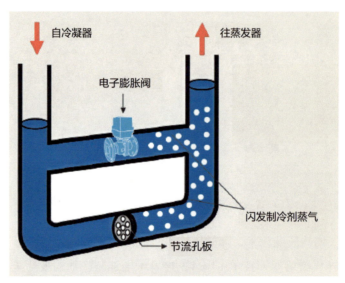

图 4.2-17 节流控制技术示意图

4.3 六大标准化体系

鉴于当前高效智能环境控制系统在地铁环境中的显著应用效果，深圳地铁正积极致力于推进该系统标准化建设的深入发展，并着力拓宽其应用边界。此举旨在通过全面优化环控系统的智能化程度、能效表现及运维效率，实现系统性能与运营管理的显著飞跃。为此，深圳地铁计划构建以下六大标准化体系，以系统性和前瞻性地推动智能环境控制系统的进一步发展。

4 高效智能环控系统关键技术与创新

（1）企业标准《环控系统建设标准》提出了能效指标计算公式，优化了空调风系统、水系统设计，规定了系统管路与设备选项之间的最优配比，制定了传感器设计原则、设备选型原则及BIM深化要求。

（2）企业标准《智能环控控制系统标准》规范了控制柜、传感器、配电等布置问题以及系统构成等，统一了控制、显示、故障等显示内容及其按钮显示颜色等，解决了运营维护等问题。

（3）企业标准《智能环控控制系统与BAS权限控制管理逻辑标准》规定了综合监控系统、BAS系统与智能环控控制系统分级管理及优先控制权，规定了各系统之间的接口。

（4）企业标准《基于工控云服务器的智能环控控制系统组态软件标准》规定了IECS组态软件接入工控云服务器的标准、IECS组态软件对工控云服务器资源分配需求标准、IECS组态软件部署架构标准、IECS组态软件与第三方系统数据交互接口标准、IECS组态软件与ISCS画面交互接口标准、IECS组态软件与瘦客户机对接标准、IECS组态软件画面展示标准、IECS组态软件历史数据存储标准、IECS组态软件用户权限管理标准。

（5）企业标准《智能环控节能验收标准》规定了冷水机组、冷却塔、冷冻水泵、冷却水泵、反冲洗过滤器、胶球在线清洗装置、空气处理设备、高效智能环控系统安装及调试标准。

（6）企业标准《高效智能环控系统调试标准》包括系统验收标准、仪表校准、能效检测、数据认证、能效评价等。

5 高效智能环控系统总结思考与展望

在参与16号线智能环控系统的建设过程中,我们有幸积累了一定的经验。通过深入的回顾与思考,我们谨慎地提炼出以下几点总结,希望能够为未来线路的建设提供一些参考和启示。我们深知,每一条线路的建设都是一个不断学习和进步的过程,我们愿意将我们的观察和思考与同行们分享,以期共同推动高效智能环控技术的发展。

5.1 实施中遇到的问题

1. 需要进一步统一设计原则

(1) 机房设计方案

在高效智能环控系统深化设计中,发现有机房设计多样化的情况,以16号线为例,在高效智能环控系统深化设计中,发现全线各站点冷水机房内的设备、阀门、管线的布置差异性较大。如冷水机房内的冷冻水泵、冷却水泵、反冲洗装置的布置,有些站点采用分设基础,有些站点采用合设基础,全线并不统一。因此在全线采用BIM模型深化,调整水泵和反冲洗装置位置按照模块化统一布置,进一步强化设备布置的整体性和互操作性。机房的高效性与规范性是保障运营安全的前提,因此设计方案的统一性至关重要。机房的高效性与规范性是保障运营安全的前提。

(2) 阀门配置问题

阀门是控制和管理管道系统中流体流动的关键部件,本次设计中部分阀门的保留与否问题尚未统一。例如旁通检修阀、冷却塔电动阀等,设置标准不统一可能会对未来运维造成不便。

2. 施工方参与深度

施工单位作为深化设计的最终实施者,其参与度直接影响到设计方案的可行性和实施效果。

5.2 解决建议

1. 统一设计原则

建立统一的设计原则指导，规定机房设计、阀门配置等关键问题的标准方案。对于已经确定不做更改的线路，应详细记录其特殊性，并在后续建设中予以考虑，力求在可能的情况下实现设计的统一。对于尚未统一的设计方案，应组织，取长补短，制定出最优方案，实现设计的标准化和规范化。

2. 加强施工单位的深化设计参与

施工单位应不仅在推进例会中参与讨论，还应在设计的每个阶段都能够提供反馈和建议，实现全程参与。设计单位应采纳施工单位的合理化建议，并及时调整设计方案，确保设计的实施性和工程的可施工性。加强设计与施工的沟通渠道，建立定期交流机制，确保双方信息同步，减少因信息不对称导致的设计更改和工程返工。

3. 加强接口管理，保证施工统一性

智能环控设备由甲方提供，管路及阀件等材料由施工单位提供，制冷机房预制装配方案可能由第三方单位深化完成，在预制装配过程中需明确各单位接口划分，并由设计单位做好方案把控，施工单位统筹协调设备吊运、设备安装、模块组装等内容。

结合综合监控专业桥架路由，明确高效智能环控系统线缆桥架敷设的设计及施工主体，并将设计阶段成果向施工阶段传递，实现BIM建筑模型信息的高度共享。

4. 利用BIM进行精细化设计，完善设计界面和流程

运用BIM三维建模技术，依据设计文件，按照设计和施工规范搭建全专业模型，完善设备间线缆、桥架等各专业管线和设备综合排布，保证强弱电桥架分开敷设，预留安装空间，在功能性、美观性两个层面满足要求，从而实现智能化测量和可视化设计、施工。

利用三维模型进行协同设计，提早发现设计前期"错、漏、碰、缺"等问题，并进行管线碰撞检查及调整，对各方达成一致的BIM模型开展模型会审工作，有效避免后期施工返工和变更等情况出现。

5. 发挥设备监理专业优势，组织现场施工交底和巡查

智能环控管理离不开对项目空间管理、维护管理、施工管理及能耗管理等运营成本要素的总体把控。高效智能环控系统涉及多系统、多专业施工安装，接口众多，且存在多系统交叉作业施工的情况，建议施工前设备监理组织各承包商对安装要求、安装注意事项等方面进行施工交底，并形成交底文件和施工手册，保证规范化施工。在施工过程中，监理和承包商加大现场巡查力度，对潜在问题提前预警，事实问题提出系统的解决方案，从而有效加强安装质量，实现总体把控。

6. 在工班值班室设置人机交互界面，方便运维管理

设计之初，运营使用单位则需要明确现场安装位置，存在设计期间无法明确安装位置的情况，相关单位之间信息及时沟通，可将操作台等相关设备移交至运营使用单位，后续安装位置明确再安装。

7. 优化冷却塔出水温度传感器数量和位置

建议统一在制冷机房内冷却水供、回水总管上各设置一个传感器，以减少传感器设置数量，降低连接线缆过长造成的干扰。

（1）冷却塔出水温度和室外湿球温度才能准确计算出冷却塔湿球温度逼近度。在两台冷却塔全开或两台塔蝶阀全开但是风机只开一台的情况下，冷却塔总管温度没有办法和室外湿球计算出冷却塔湿球温度逼近度。冷却塔湿球温度逼近度是判断冷却塔性能的核心参数，故不建议优化。

（2）干扰问题首先从设计角度出发，设计图纸明确弱电设备单独敷设线管，弱电传输设备使用带屏蔽功能线缆，其次从施工的角度出发，加强施工规范，严格要求按图施工，屏蔽线接地，避免干扰。

5.3 优化方案

在当今这个科技日新月异的时代，高效智能环控系统的设计与应用显得至关重要。作为支撑众多行业和领域发展的基石，标准化设计为确保其稳定性、可靠性以及拓展性提供了坚实的基础。

高效智能环控系统主要通过集成环境监测、数据分析以及自动调控技术，实现对环境因素的实时监控与调控。然而，随着应用的广泛，如何确保系统的稳定性、兼容性和可维护性成为亟待解决的问题。标准化设计便是在这样的背景下应运而生，旨在解决这些问题，提高系统的整体性能。

标准化设计在高效智能环控系统中具有多方面的重要性。首先，统一的技术规范和接口标准能够显著提高系统的稳定性，降低因组件不匹配或兼容性问题导致的故障率。其次，标准化设计能够促进不同系统间的互操作性，方便用户进行系统升级、组件替换或与其他系统的集成。此外，标准化还有助于降低维护成本，提高维修效率，从而为用户带来更大的经济效益。

为了实现高效智能环控系统的标准化设计，我们需要采取一系列核心策略与实践。首先，制定详细而全面的技术规范和标准是基础。这些规范和标准应明确各组件的接口要求、性能参数以及安全标准等，以确保设计的统一性和稳定性。其次，优化系统架构，采用模块化、分层设计方法，能够使系统具备更好的可扩展性和可维护性。此外，选择经过市场验证的成熟技术和产品也是关键，这有助于降低技术风险，确保系统的稳定运行。

在目前高效智能环控系统刚起步的阶段中,标准化设计在高效智能环控系统设计中的重要性和必要性不可忽视。高效智能环控系统的应用范围越来越广泛,其在深圳地铁四期工程中的采用更是一个典型案例。

5.3.1 建立水系统模型标准

1. 制冷机房标准化

在规划地铁车站的制冷系统时,我们注重确保系统的稳定性和运行效率。为实现这一目标,我们采用了两台冷水机组进行配置,确保其制冷量满足特定的范围要求,每台机组的制冷量为500~900kW。这种标准化设计简化了系统的布局,并使得管线更为有序,有利于后期的维护和检修工作。

在制冷机房的水系统设计方面,我们遵循既定的标准模式。按照这一模式,每台冷水机组均与水泵进行一对一的连接,并通过备用旁通管连接。旁通管上的手动蝶阀始终处于关闭状态。这种设计方式在控制上展现出更高的稳定性和可靠性。此外,这种设计还有利于实现低阻力和标准化。

为了进一步优化制冷机房水系统的性能,我们采取了以下措施:

(1)低阻过滤器:考虑到Y型水过滤器的较大阻力,我们选用孔径为4mm的水泵入口过滤器。在高效制冷机房项目中,我们推荐使用低阻型过滤器,其过滤网目数为5~10目。

(2)低阻止回阀:传统的消声止回阀由于其较大的阻力,已不再适用。因此,我们选用橡胶瓣止回阀,确保过滤器及止回阀的水阻均低于0.5m水柱压力。

(3)优化接管形式:我们对水泵与冷水机组的连接方式进行了优化,采用直管连接以减少系统弯头。同时,冷水机组和水泵的蝶阀实现共用,从而减少蝶阀的数量。此外,我们还合理应用了低阻力弯头、顺水三通、顺水弯头等部件,优化三通接管形式如图5.3-1所示。

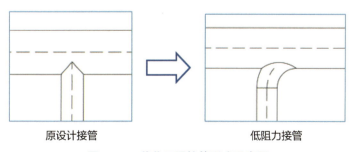

图 5.3-1 优化三通接管形式示意图

为了进一步推进制冷机房的标准化设计,我们确保冷水机组、冷冻水泵、冷却水泵、阀门及相关传感器的相对位置固定。同时，预留了足够的安装和检修空间。通过这些措施的实施，我们可以建立制冷机房的平面图标准化设计，图5.3-2、图5.3-3展示了部分标准化安装三维模型示意图。

图5.3-2　主机蝶阀检修旁通阀组标准化安装

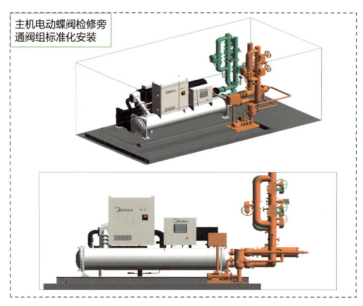

图5.3-3　主机电动蝶阀检修旁通阀组标准化安装

5 高效智能环控系统总结思考与展望

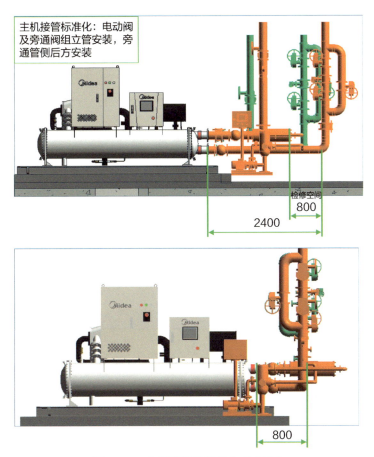

图 5.3-3　主机接管标准化方式（续）

2. 末端空调系统标准化

地铁车站末端空调系统在设计上具有严格的标准化要求和显著的特点。

在大系统设计方面，该系统以高占比的冷量，主要由两台组合式空调箱构成，承担着车站两端公共区域的冷量供应任务。这两台组合式空调箱经过精细化设计和优化，以确保公共区域内的温度保持舒适宜人。同时，为了满足出入口区域的供冷需求，还配备了一定数量的风机盘管机组。

在小系统设计方面，该系统以占比 30%~40% 的冷量，精准满足各办公区和设备间的特殊供冷需求。其设计充分考虑了不同区域的功能差异和人员流动特点，确保为乘客和工作人员提供舒适的室内环境。

为了确保整个空调系统的稳定运行和水管内的水流速度得到有效控制，降低比摩阻是至关重要的。为此，空调水系统最不利环路各管径比摩阻应严格限制在 100Pa/m 以下，其他支路的比摩阻则应控制在 300Pa/m 以下。这一标准的制定是基于深入的理论研究和广泛的实践经验。为了实现整个环控系统的高能效运行，标准化设计水系统控制阻力成为关键环节。这不仅关乎系统的稳定性，更直接影响到车站的能耗和运营成本。因此，在设计和施工过程中，必须严格按照相关标准执行。表 5.3-1 为标准化设计水系统阻力目标值标准。

表 5.3-1　标准化设计水系统阻力目标值

系统名称	设备名称	水阻 /mH₂O
冷冻水系统	机房内总阻力 机房外总阻力 水泵选型扬程	≤ 10 ≤ 12 ≤ 24
冷却水系统	水泵选型扬程	≤ 22

5.3.2　建立风系统模型标准

风系统压力损失的主要发生地是在制冷机房内。这是因为接管复杂且阀门设置繁多，导致管路阻力损失较大。为了尽可能降低这种损失，特别是机房内新风道至混风箱、空调机组出口至静压箱的阻力损失，我们应该尽量避免设置静压箱，直接从空调机组接管。在条件允许的情况下，我们还应尽量增大风管面积，以降低风管流速。

在空调机组出口变径管的设计中，斜率不应超过 1∶7。在风管转弯或弯头处，风管内边至风机入口的距离应大于风机入口直径，以确保气流能够均匀地进入风机叶片。此外，风机出口到转弯处应有不小于 3 倍直径的直管段，以避免产生不必要的静压损失。

在风管或土建风道截面扩大或缩小时，不应做成突扩或突缩，而应采用渐扩或渐缩的设计。在施工图阶段，我们应根据设备的风压值进行水力计算，并优化管路设计以降低输送能耗。

表 5.3-2 列出了高效智能环控标准化设计大系统的风压控制目标值，表 5.3-3 则列出了小系统的风压控制目标值。这些数据为我们提供了参考，帮助我们确保风系统的设计和施工符合最佳实践。通过遵循这些原则和目标值，我们可以实现更高效的环控系统，降低运行成本，提高设备的性能和寿命。

风系统压力损失的控制关键在于合理设计和管理制冷机房内的接管和阀门设置。通过优化风管设计、增大风管面积、合理设置弯头和静压箱，以及根据设备风压值进行水力计算，我们可以降低输送能耗，提高系统运行效率。在此基础上，我们还应密切关注风压控制目标值，确保风系统的设计和施工质量。

表 5.3-2　标准化设计—大系统风压目标值（Pa）

送风形式	参数	数值
双端送风	大端空调机组余压 大端回排风机全压	≤ 550 ≤ 550

续表

送风形式	参数	数值
双端送风	小端空调机组余压 小端回排风机全压	≤500 ≤500
单端送风	空调机组余压 回排风机全压	≤600 ≤600

表 5.3-3 标准化设计—小系统风压目标值（Pa）

系统类型	空调机组余压	回排风机全压
大端27℃管理用房	≤400	≤400
大端27℃设备用房	≤500	≤500
大端36℃设备用房	≤450	≤450
小端27℃设备用房	≤350	≤350

5.3.3 建立设备精细化选型标准

1. 选型安全系数

对于地铁高效智能环控系统设备的选型，相关参数应进行适当调整，保证机房高效安全运行。

（1）制冷机组的冷量＝计算冷量；

（2）空调设备选型冷量＝计算冷量×1.05；

（3）空调设备选型风量＝计算风量×1.05；

（4）冷却塔的选型水流量＝冷水机组冷凝器水流量×1.45；

（5）冷冻水泵的选型水流量＝冷水机组蒸发器水流量×1.05；

（6）冷却水泵的选型水流量＝冷水机组冷凝器水流量×1.05；

（7）水泵设备的选型扬程＝计算扬程×1.1；

（8）风机设备的选型风量＝计算风量×1.059；

（9）风机设备的选型全压＝计算全压×1.1。

2. 冷水机组精细化选型

在进行高效制冷机房冷水机组的选型过程中，我们应确保其在名义工况下的COP和IPLV达到1级能效，同时根据设计工况的运行条件对能效进行换算，并以设计工况的制冷量为基准进行确定。目前，主要的冷水机组类型包括变频螺杆式、变频离心式以及磁悬浮离心式，这三种类型均能满足1级能效的要求。然而，在确定最佳机型时，需结合冷水机组的性能曲线及实际项目数据进行全面分析。

（1）变频磁悬浮离心式冷水机组具有以下产品特点：

① 单机冷量覆盖范围：130～1800RT；

② 超高能效：全系列产品在 COP/IPLV 方面远超国家一级能效标准；

③ 无油运行：实现全生命周期内无需进行油路系统的维护；

④ 振动与噪声水平低：采用磁悬浮轴承技术，无摩擦运行，显著降低噪声；

⑤ 稳定性卓越：具备自发电模式和长寿命备降轴承，确保设备运行的稳定性。

（2）变频直驱离心式冷水机组具有以下产品特点：

① 冷量范围：覆盖 250～1300RT；

② 超高能效：全系列产品 COP/IPLV 远超国家一级能效标准；

③ 全变频运行：启动电流低，调节范围宽广；

④ 振动噪声小：全系列产品噪声维持在约 75dBA；

⑤ 冷媒用量少：采用全降膜式蒸发器，提升换热效率。

（3）变频螺杆式冷水机组产品特点：

① 冷量范围广泛：覆盖 70～470RT。

② 能效卓越：达到 COP/IPLV 双一级能效标准。

③ 全变频运行模式：启动电流小，调节范围宽广。

④ 环保且静音：在部分负荷工况下运行，噪声可低至 65dB。

⑤ 冷媒用量经济：采用全降膜式蒸发器，确保高效的换热性能。

不同类型的冷水机组在不同负荷率和冷却水温下的能效数据见图 5.3-4～图 5.3-6。

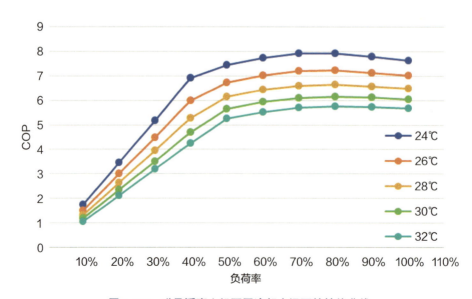

图 5.3-4　磁悬浮离心机不同冷却水温下的性能曲线

5 高效智能环控系统总结思考与展望

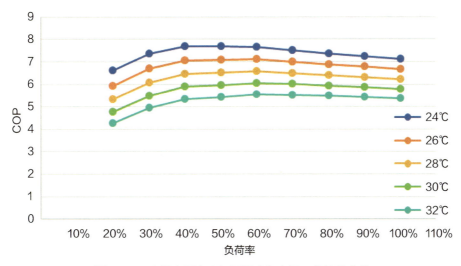

图 5.3-5 变频直驱离心机不同冷却水温下的性能曲线

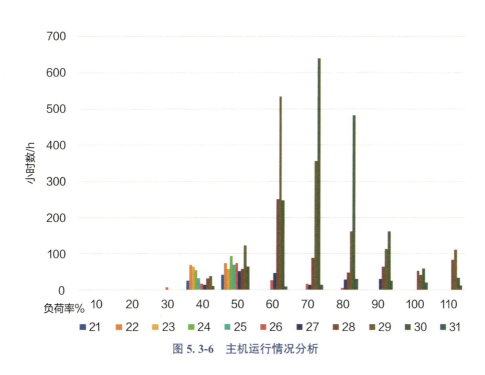

图 5.3-6 主机运行情况分析

（4）分析后的结论：

① 在负荷率 40%～80% 的范围内，磁悬浮离心式、变频离心式和变频螺杆式冷水机组的 COP 分别为 5.1～11.7、4.7～9.7 和 4.9～10.4；

② 负荷率大于 80% 的运行时间占比为 10.1%，此区间内，磁悬浮离心式、变频离心式和变频螺杆式冷水机组的 COP 分别为 5.8～11.6、5.7～10.1 和 5.4～8.6；

③ 负荷率在 30%～40% 的运行时间占比为 7.3%，此区间内，磁悬浮离心式、变频离心式和变频螺杆式冷水机组的 COP 分别为 4.2～11.2、3.7～10.0 和 4.8～9.2。

综合以上分析，对于配置 2 台冷水机组的标准站，在考虑高效和稳定运行的需求下，磁悬浮离心式冷水机组被视为最佳选择。16 号线全线共 49 台（不含自然形成空间）冷水机组，其中超高能效磁悬浮离心机组 39 台；超高能效变频直驱离心机 6 台（含车辆段）；变频螺杆 4 台。而对于其他地区或非标准站项目，应以一个当地或相近区域的典型已运营车站的数据为基础，结合厂家提供的冷水机组性能曲线进行深入分析，避免仅根据名义工况或设计工况进行直接选型。

3. 水泵精细化选型

根据设计工况的冷量和温差计算冷冻水量和冷却水量，根据管路布置计算水泵扬程，当扬程超过控制目标时（控制目标值见表 5.3-1），通过优化管路、降低水流速等措施使扬程参数满足限定要求。地铁项目空调系统常用水泵类型主要为单级单吸泵，对水泵进行选型时，需要保证水泵在部分负荷下的高效率运行。

以典型的一次泵变流量冷冻水系统为例，如图 5.3-7 所示，S_1 为设计负荷下的系统阻力特性曲线，阻抗最小；S_2 为变流量的下限时的系统阻力特性曲线，阻抗最大；n_1 为工频时的水泵特性曲线，通过变频下限（一般为 30Hz）绘制水泵最低频率运行时的曲线 n_2；通过冷水机组允许最小流量找出最小工作点 B，绘制此工况的系统特性曲线 S_2；S_2 与 n_1 的交点 C 为选型时效率边界点，即水泵运行区间为图 5.3-7 中的灰色区域，选型时水泵的最佳效率点 BEP 位于 A 和 C 之间为最佳。

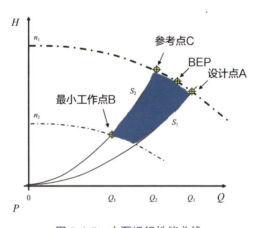

图 5.3-7 水泵运行性能曲线

通过对水泵选型问题的深入分析，我们总结出以下几点关键结论，旨在为实际应用提供科学的指导。

（1）设计点的选择并不仅限于水泵的最高效率点。在实际运行中，由于工况的多变，最高效率点并不能保证在所有情况下都是最优选择。因此，在选型过程中，我们需要进行全面的考量，根据水泵的性能曲线和实际运行需求，精准确定设计点的位置。

（2）水泵的最高效率点 BEP 通常位于设计点的左侧。这一特性使得水泵在流量变化时能更好地保持高效运行状态。当流量发生增减时，水泵的扬程和效率会有所变化，而位于设计点左侧的 BEP 点则能相对稳定地保持较高的效率和扬程，有利于变流量运行的稳定高效。

（3）选型时需要确保水泵在 AC 两点均处于高效运行区间。这样，无论是在满负荷还是部分负荷运行状态下，水泵都能维持高效运行，从而降低能耗，提升整体运行效率。

综上所述，为确保水泵在实际应用中实现稳定高效运行，我们应遵循以下几点原则：① 设计点并非一定要最高效率点；② 最高效率点 BEP 应位于设计点左侧，在变流量运行时更能保证高效率；③ 选型时需确保水泵在 AC 两点均处于高效运行区间，以实现全负荷变流量运行的高效性。

建议采用立式水泵替代卧式端吸泵：标准地铁站的水泵基本上流量小于 $200m^3/h$，属于小流量水泵，由于电机及泵体较小，一般优选立式泵。同时，高效机房设计采用立式泵可以减少较多弯头，降低阻力。考虑采用 3000rpm 的水泵：高效机房设计后水泵流量扬程减小，3000rpm 水泵效率更高。

4. 反冲洗过滤器精细化选型

建议采用水平接管的反冲洗过滤器。

本次招标反冲洗均为落地式，对于机房管网优化造成了较大的麻烦，建议新线采用水平接管式的反冲洗过滤器，功能及作用与落地式一样。其接管优化前后对比如图 5.3-8、图 5.3-9 所示。

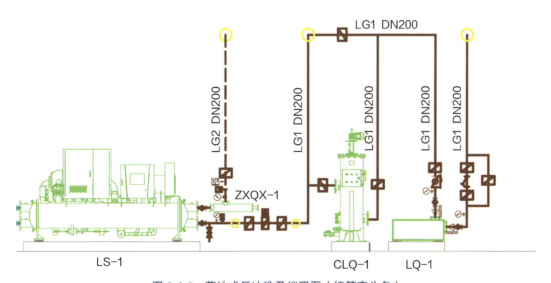

图 5.3-8　落地式反冲洗及端吸泵（接管弯头多）

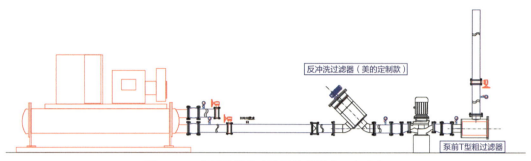

图 5.3-9　水平接管反冲洗及端吸泵（无弯头）

5. 低阻力辅件精细化选型

（1）建议采用低阻力过滤器（降低 1～2mH$_2$O）：Y 型水过滤器阻力较大，一般为 2～4m。水泵入口过滤器孔径推荐选用 4mm，选择直角式过滤器，过滤网 5 目。

（2）建议采用低阻力止回阀（降低 1mH$_2$O）：目前市场上常用的消声止回阀，阻力较大，本项目选择低阻力型止回阀（图5.3-10、图5.3-11）。将止回阀改为旋启式止回阀，过滤器及止回阀水阻均小于 0.5mH$_2$O。

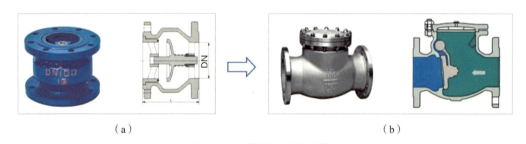

（a）　　　　　　　　　　　　　　　（b）

图 5.3-10　优化止回阀示意图

（a）消声止回阀；（b）低阻力止回阀

6. 冷却塔精细化选型

冷却塔的选型需要根据当地环境湿球温度，结合冷却塔的热工性能曲线进行校核，保证冷却塔的实际出水温度满足要求。

对于冷却塔的选型，按照 3℃逼近度要求。冷却塔需要负担的热量为空调系统的冷负荷加上机组压缩机耗电量，所以冷却塔的选型应适当放大冷却塔的水流量，一般应满足以下关系：冷却塔水流量＝机组冷却水流量×（1.2～1.3）。对于高效的机房系统，其流量大小可放大至主机冷却水流量的 1.45 倍左右，降低逼近度。

冷却塔变频范围应设置在 25～50Hz，变频控制时以冷却塔逼近度为控制目标，保证冷却塔同频运行。同时需要综合考虑风机、电机的运转情况，综合布水系统与填料要求、接管形式及框架结构等保证冷却塔高效换热的技术要求。

优化冷却塔核心部件，升级为高效冷却塔，详细配置详见图 5.3-11，涉及零部件升级对比情况见表 5.3-4。

5 高效智能环控系统总结思考与展望

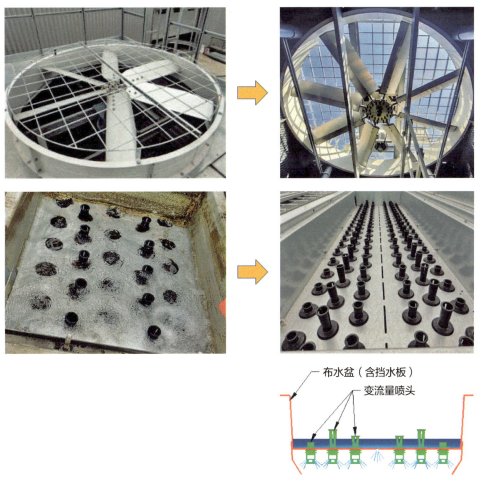

图 5.3-11 优化冷却塔核心部件示意图

表 5.3-4 冷却塔核心部件升级情况

序号	零部件名称	招标	升级后
1	风机	普通 6 叶型	8 叶片低速防失压防回流高静压超低噪声风机
2	电机	变频电机	永磁同步高扭矩直驱电机
3	布水系统喷头	普通变流量喷头	20%～120% 无极变流量喷头
4	进水	外设管道顶部进水（施工单位负责）	PVC 内部管路防渗吸水力平衡内进水

7. 建议取消分集水器

由于标准站的分支较少，同时由于智能环控控制系统实现了所有数据系统可视化，分集水器的功能（读取温度计、压力表数据及静态水力平衡）都在弱化甚至淘汰不需要，且分集水器的阻力压降较大，建议取消，直接通过主管道分支即可。

5.3.4 建立智能控制系统模型标准

轨道交通高效智能控制系统应具备通风空调系统设备的数据采集、数据分析、智能调节和数据展示功能。通过对高效智能环控系统标准化设计，减少非标准设计，降低控制系统安装和调试的复杂性，使控制系统更加稳定可靠。

1. 传感器及阀件标准化设置

为了满足控制要求，同时实现控制点位最少、管网局部阻力最低的原则，对系统的传感器及必要阀件进行如下标准化配置：

（1）标准站制冷机房传感器配置标准化，其中温度传感器 4 个，压力传感器 2 个，室外气象站 1 个，热量表 4 个，电动蝶阀 8 个，智能电表 8 个。

（2）标准站大系统的单端传感器配置标准化，其中风系统温湿度传感器 4 个，室内型温湿度传感器 4 个，二氧化碳传感器 4 个，PM2.5 传感器 4 个，电动风阀 6 个（不含排烟系统），表冷器智慧阀 1 个，供回水温度压力传感器各 2 个，智能电表 3 个。

（3）标准站小系统单台设备的传感器配置标准化，其中风管型温度传感器 2 个，室内型温湿度传感器数量根据供冷房间需求设置，电动风阀 5 个（不含排烟系统），表冷器智慧阀 1 个，智能电表 2 个。

2. 智能控制系统架构标准化

典型站智能环控多智能体分布式节能控制系统架构如图 1.2-6 所示。智能控制系统由 1 台高效多智能体指挥官、2 台高效一体模组控制柜、1 台高效冷却塔模组控制柜、2 台大系统模组控制柜和若干台小系统模组控制柜等构成。

1）智能控制系统标准化架构

（1）多智能体指挥官负责通过通信获取各系统运行的关键运行参数（设备运行状态、冷水机组负荷百分比、智慧阀数据、大小系统设备参数等），完成系统的综合调度和节能控制策略的执行。

（2）高效一体机模组由 1 台冷冻水泵、1 台冷却水泵、1 台冷水机组和相关阀门、传感器及变频器等组成，实现制冷机房单台机模组的启停和频率自动控制。

（3）高效冷却塔模组由 2 台冷却塔和相关阀门、传感器及变频器等组成，实现冷却塔的启停和频率的自动控制。

（4）大系统模组和小系统模组直接负责大小系统中的空调箱、回排风机、电动风阀和表冷器智慧阀等设备的控制。

此架构适用于绝大多数由 2 台冷水机组组成的地铁站环控系统。

2）智能控制系统架构标准化的意义

此架构适用于绝大多数由 2 台冷水机组组成的地铁站环控系统。由于控制架构的标准化，且所有标准化设计地铁站的控制柜负责的设备和传感器都相同，控制柜内置程序、上位机组态及精细化调试的标准化也变得可行，标准化后可大幅度提升控制系统实施效率，也为后期运营管理带来极大的便利。

高效智能环控系统的标准化设计对于提升系统性能、降低维护成本以及促进产业发展具有深远的意义。通过制定统一的技术规范、优化系统架构以及选择可靠的技术和产品，我们能够构建出稳定、高效的高效智能环控系统，还有助于提升我国智能环控产业的国际竞争力，推动行业的持续发展。只有不断创新和完善标准体系，紧跟时代步伐，我们才能确保高效智能环控系统在未来的发展中保持领先地位。

5.4 高效智能环控系统的发展思考

深圳地铁高效智能环控系统，由空调设备厂家作为总包，集设备采购、系统BIM深化设计、装配式、云管理、高能效认证交付为一体，达到线网空调机房能效5.0，系统能效3.5的高效水平，把买空调设备变成买高效空调系统。实现轨道交通环控系统的"深度集成，广度互联，全域感知，寻优迭代、智能绿色"。经过五年的建设与运营，探索与实践，在取得成效的同时，有更多思考和进步空间。

5.4.1 设备部分

（1）16号线制冷机房示范站能效大于6.0，标准站能效大于5.0，大设备端机房平均占地面积438m²、小设备端机房平均占地面积203m²。随着国家新的能效标准出台，以及业主站房一体化综合效益要求的提升，未来的制冷机房将是整体能效更高、占地面积更小，对机房设备尤其是冷水机组的形式、产品结构设计和性能提升都提出了更高的要求。行业主流的冷水机组厂家，已经在推广模块化磁悬浮和水冷直膨机组产品（图5.4-1、图5.4-2），在提高制冷机房整体能效的同时，还将大幅减少机房占地面积，可有效助力地铁业主降低建设成本和运营成本。

图 5.4-1　模块化磁悬浮

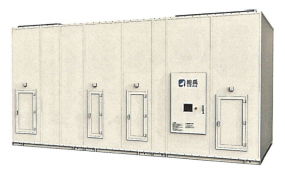
图 5.4-2　水冷直膨机组

（2）目前EC风机厂家产品风机叶轮、电机、轴承和变频控制单元高度集成一体，如故障率相对较高的变频控制单元内某一元器件出现故障,需更换整个风机,这导致后期维护成本比较高。要解决这个问题,就需要EC风机厂家优化产品设计,满足如下要求:

① 变频单元可更换:EC风机自带变频单元具有变频单元可单独更换功能,变频单元应有防错安装设计、放触摸电路板设计,其故障时可在现场快速和安全的单独更换变频单元。

② 振动传感器:EC风机内置振动传感器,可实时检测风机运行振动,通过设置可实现:当风机共振或者振动超标时,不仅产生告警,并能同时自动规避共振点,保持风机安全运行。

(3)采用立式水泵替代卧式端吸泵;优选最高效率点BEP位于设计点左边的水泵。

标准地铁站的水泵基本上流量小于200m^3/h,属于小流量水泵,由于电机及泵体较小,一般优选立式泵。同时,高效机房设计采用立式泵可以减少较多弯头,降低阻力;另外选型时优选BEP位于设计点左边的水泵。

(4)采用水平接管的反冲洗过滤器

本次招标反冲洗均为落地式,对于机房管网优化造成了较大的麻烦,建议新线采用水平接管式的反冲洗过滤器,功能及作用与落地式一样。其接管优化前后对比如下:

(5)采用低阻力辅件、取消分集水器:

① 低阻力过滤器(降低1~2mH_2O):Y型水过滤器阻力较大,一般为2~4m。水泵入口过滤器孔径推荐选用4mm,选择直角式过滤器,过滤网5目。

② 低阻力止回阀(降低1mH_2O):目前市场上常用的消声止回阀,阻力较大,本项目选择低阻力型止回阀。将止回阀改为旋启式止回阀,过滤器及止回阀水阻均小于0.5mH_2O。

③ 取消分集水器:由于标准站的分支较少,同时由于智能环控控制系统实现了所有数据系统可视化,分集水器的功能(读取温度计、压力表数据及静态水力平衡)都在弱化甚至淘汰不需要,且分集水器的阻力压降较大,建议取消,直接通过主管道分支即可。

5.4.2 系统优化方面的思考

空调风系统是环控系统的重要组成部分,轨道交通常规的公共区空调风系统采用车站两端各设一套空调送风系统,空调箱、回风机、新风机双端分别布置,设置送风管、回风兼排烟管穿越公共区,机房、风管占空间大。结合车站建筑布置,优化空调送风系统,采用两台空调箱一端布置、取消回排风机、取消新风机;公共区单端送风、集中回风、按需设计,能耗分计。如此优化,风机减半、小系统风管减半。大大减少设备和土建空间,集约节能降造。在深圳地铁五期工程的建设,该优化方案已经纳入设计标准。

5.4.3 智控部分的思考

1. 智能环控控制系统向云端迁移的趋势

随着大数据、云计算、物联网的发展，云服务和云控制已经在各种行业和场景得到大规模的应用，广州地铁与腾讯金融科技团队、腾讯云微瓴团队打造的穗腾 OS 已在广州地铁 3 号线、APM 线—广州塔站和 21 号线天河智慧城站正式上线。

上海地铁新线建设中引入基于云平台和数字底座的轨道交通机电系统，其中车站级机电系统以车站数字底座未依托，重塑为车站机电设备和基于数字底座的车站业务应用系统；中央级机电系统以线网生产云平台为依托，重塑为线路接入设备和基于云平台的线路/线网业务应用系统。整体系统采用云边端架构，车站数字底座作为线网生产云平台的边缘节点，资源由云平台纳管，业务与云平台协同。

武汉轨道交通 AFC（自动售检票系统）清分中心系统成功接入光谷云管中心城轨云平台，标志着武汉地铁首个生产系统基于虚拟化云资源正式上线运行。该项目于 2022 年 12 月开始实施，经过设计联络、标准化接口制定、机房施工、软件开发、数据库国产化适配、云平台测试平台调试、数据迁移、生产网并行运行等过程，于 2023 年 11 月完成调试并成功入"云"上线，具备处理地铁全线网乘客交易数据的能力。

智能环控控制系统未来的发展将从就地化部署向云端部署迁移，就地化控制向云端控制迁移。

2. 高效智能环控系统用能智慧化

能源是推进碳达峰碳中和的主战场。在推动能源绿色低碳转型方面，数字化智能化技术也扮演着越来越重要的角色。

在"双碳"目标的驱动下，我国对智慧用能相关技术研究和工程应用的需求更加迫切。目前，智慧用能技术研究主要集中在智能用电、综合能源、电能替代、新能源汽车充换电等方向，并取得了一定的应用成果。当前，我国智慧用能技术研究主要集中在智能用电、综合能源、电能替代、新能源汽车充换电等方向。

高效智能环控系统在智能用电领域，采用水蓄冷削峰填谷，利用峰谷电价差和负荷管理等技，结合轨道交通高效智能环控系统的实际运行工况，利用峰谷电价差，具有良好的经济效益预期。

3. 高效智能环控系统运维智能化

随着全球气候变化问题日益严重，各国纷纷提出碳达峰和碳中和的目标，以减少温室气体排放，实现可持续发展。在中国，政府也提出了相应的"双碳"目标，推动经济社会的绿色转型。在此背景下，基于智慧运维的城市轨道交通地下车站高效智能环控系统具有重要的现实意义和战略价值。

智慧运维具有诸多优点。首先，它能够提高运维效率，减少人工操作，降低人力成本。其次，智慧运维能够通过实时监控和预测，及时发现系统中的异常情况，并采取相应措施，防止故障的发生，降低故障风险。此外，智慧运维还可以通过自动化的方式来完成一些重复性的工作，如系统巡检等，从而保证了服务的质量和可靠性。同时，智慧运维可以支持大数据分析，为企业提供更加精准的决策支持。最后，智慧运维可以更好地覆盖整个互联网运营的生命周期，能够针对环节细节更好地处理，从细节的角度降低各种隐患和问题的产生。

参考文献

［1］邱艺德，李元阳，方兴，等. 高效智能环控系统标准化设计及其在地铁项目的应用. 制冷与空调［J］，2019，23（8）：84-92.

［2］深圳市城市轨道交通第四期建设规划（2017～2022年）.

［3］赵昕，顾保南. 2018年中国城市轨道交通运营线路统计和分析. 中国城市轨道交通"年报快递"之二［J］. 城市轨道交通研究，2019（1）.

［4］中国城市轨道交通协会. 城市轨道交通2023年度统计和分析报告［R］.

［5］中国城市轨道交通协会. 城市轨道交通年度统计和分析报告［R］.

［6］罗燕萍，黄建辉，罗曼. 深圳地铁高效系统建设之路［M］.